ПРЕПОДОБНЫЙ СЕРАФИМ САРОВСКИЙ
(МОШНИН)

О ЦЕЛИ ХРИСТИАНСКОЙ ЖИЗНИ

ORTHODOX LOGOS PUBLISHING

О ЦЕЛИ ХРИСТИАНСКОЙ ЖИЗНИ

Беседа преподобного Серафима с Н. А. Мотовиловым

Преподобный Серафим Саровский (Мошнин)

Икона на обложке книги:
«Серафим Саровский (Мошнин)», *Неизвестный автор*

© 2025, Orthodox Logos Publishing, The Netherlands

www.orthodoxlogos.com

ISBN: 978-1-80484-211-9

This book is in copyright. No part of this publication may
be reproduced, stored in a retrieval system or transmitted in any form or
by any means without the prior permission in writing of
the publisher, nor be otherwise circulated in any form of binding
or cover other than that in which it is published without a similar
condition, including this condition, being imposed
on the subsequent purchaser.

ПРЕПОДОБНЫЙ СЕРАФИМ САРОВСКИЙ
(МОШНИН)

О ЦЕЛИ ХРИСТИАНСКОЙ ЖИЗНИ

ORTHODOX LOGOS PUBLISHING

СОДЕРЖАНИЕ

Вступление 7
Биография: Преподобный Серафим Саровский . . . 10

О цели христианской жизни. Беседа преподобного
Серафима с Н. А. Мотовиловым 13
Духовные наставления мирянам и инокам 46
О Боге 48
О причинах пришествия в мир Иисуса Христа . . . 50
О вере 51
О надежде 52
О любви к Богу 53
Против излишней попечительности 54
О попечении о душе 55
Чем должно снабдевать душу? 56
О мире душевном 58
О хранении мира душевного 60
О хранении сердца 62
О помыслах и плотских движениях 63
О распознавании действий сердечных 65
О покаянии 66
О молитве 68
О слезах 70

О свете Христовом 71
О внимании самому себе. 72
О страхе Божием 74
Об отречении от мира 76
О жизни деятельной и умозрительной 77
Об уединении и молчании 80
О многословии 82
О безмолвии 84
О посте 85
О подвигах 87
О бодрствовании против искушений 89
О печали 90
О скуке и унынии 91
Об отчаянии 94
О болезнях 96
О должностях и любви к ближним 97
О неосуждении ближнего 99
О прощении обид. 101
О терпении и смирении 103
О милостыне. 106

ВСТУПЛЕНИЕ

«О цели христианской жизни» – это не просто собрание духовных наставлений, а живой диалог, в котором выражена суть истинного христианского пути. В этом произведении преподобный Серафим Саровский раскрывает перед читателем глубинные тайны веры, призывая каждого задуматься о вечных ценностях и смысле бытия. Автор вступления приглашает окунуться в атмосферу искренней молитвы, где каждое слово становится ключом к постижению внутреннего мира и божественного присутствия.

В первой части вступления акцентируется внимание на том, что цель христианской жизни превосходит поверхностное соблюдение обрядов и ритуалов. Здесь речь идёт о внутреннем преображении, о том, как посредством смирения, постоянной молитвы и искреннего стремления к Богу можно преодолеть земные искушения и обрести вечное счастье. Преподобный Серафим учит, что истинное богатство человека заключается не в накоплении материальных благ, а в обновлении сердца и души, в способности видеть свет даже в самых мрачных уголках человеческой жизни.

Историко-культурный контекст, в котором создавалось данное произведение, играет важную роль. В эпоху духовных исканий и общественных перемен многие искали опору в древних традициях и мудрости святых отцов. Беседа преподобного Серафима с Н. А. Мотовиловым стала своего рода зеркалом, в котором отражается вечное стремление человека к божественному. Автор вступления подчёркивает, что каждое слово, произнесённое в этом диалоге, наполнено благодатью и любовью, способными преображать внутренний мир каждого, кто готов слушать голос сердца.

Важным аспектом вступления является личное обращение к читателю. Здесь звучит призыв остановиться, отвлечься от повседневной суеты и заглянуть в глубины собственной души. Автор напоминает, что в мире, полном шумных соблазнов и быстрых перемен, только истинное духовное знание способно дать человеку опору и уверенность в завтрашнем дне. Беседа преподобного Серафима становится своеобразным маяком, направляющим каждого, кто ищет ответы на вопросы о предназначении и смысле жизни.

Особое внимание уделено значению смирения и постоянного самоанализа. Вступление показывает, что цель христианской жизни – это путь, который требует от человека постоянного труда над собой, искренней веры и готовности к переменам. Преподобный Серафим указывает, что только через покаяние и внутреннюю работу можно обрести настоящую свободу и радость. Каждый диалог, каждое наставление здесь – это не просто слова, а живое руководство к действию, способное направить человека на путь истинного духовного возрождения.

Автор вступления делится личными наблюдениями, приводя примеры из жизни верующих, чьи судьбы преобразились благодаря искреннему стремлению к Богу. Он рассказывает, как через молитву, уединение и постоянное стремление к внутренней чистоте можно не только преодолеть жизненные трудности, но и открыть для себя новые горизонты духовного роста. В этом произведении звучит голос вечности, который, несмотря на изменчивость времени, остаётся неизменным ориентиром для всех, кто ищет смысл в мире.

Вступление предлагает читателю погрузиться в атмосферу древней мудрости и духовного поиска, где каждая мысль наполнена светом и истиной. Здесь нет места для поверхностных рассуждений – каждое слово направлено на то, чтобы пробудить в душе желание стремиться к высшему идеалу, к жизни, наполненной любовью, верой и смирением. Преподобный Серафим с благоговением передает то знание, которое передавалось из поколения в поколение, дающее возможность каждому открыть своё истинное «я» и приблизиться к вечной радости.

Таким образом, вступление к книге становится неотъемлемым проводником в мир духовных откровений, приглашая каждого читателя на путь осмысления своей жизни, поиска божественного света и обретения внутренней гармонии. Оно дарует уверенность в том, что истинная цель христианской жизни не измеряется внешними достижениями, а определяется глубиной сердца, способного любить, прощать и жить в согласии с вечными ценностями.

Независимо от жизненных обстоятельств, этот диалог становится напоминанием о том, что каждый из нас может найти путь к Богу, если только сумеет прислушаться к голосу души. Пусть слова, наполненные благодатью и мудростью, станут для вас источником вдохновения и руководством в поиске внутреннего света и истинного смысла бытия.

ПРЕПОДОБНЫЙ СЕРАФИМ САРОВСКИЙ

Преподобный Серафим Саровский — один из самых почитаемых святых Русской Православной Церкви, чья жизнь и учение стали живым примером истинной христианской преданности и духовного совершенства. Родившись в простых условиях XVIII века, он с раннего детства проявлял глубокую чувствительность к духовным переживаниям и стремление постичь тайны веры. Воспитанный в атмосфере православных традиций, он вскоре осознал, что его предназначение — нести свет и любовь, помогая людям обрести внутреннюю гармонию и близость к Богу.

Юные годы преподобного Серафима были отмечены решимостью уйти от мирской суеты и посвятить свою жизнь молитве и аскезе. Он принял монашеский обет, и этот важный шаг стал поворотным моментом в его судьбе. Начав свой путь в скромной обители, он усердно учился под руководством опытных старцев, впитывая каждое слово наставлений и каждую каплю божественной благодати. Именно в период длительного уединения и созерцания, в тишине отдалённых уголков, Серафим обрел способность проникать в суть человеческой души, видеть её сокровенные тайны и направлять к истинной вере.

Жизнь преподобного Серафима наполнена множеством чудес и знаков, свидетельствующих о божественной помощи и присутствии свыше. Люди со всех уголков приходили к нему за утешением, исцелением и духовным советом. Его слова, проникнутые любовью и состраданием, стали оплотом для тех, кто искал утешения в трудные моменты жизни. Преподобный Серафим всегда призывал к смирению и постоянному стремлению к обновлению сердца, уверяя, что только через искреннюю молитву можно приблизиться к вечной истине.

Особое место в его жизни занимает период пребывания в Сарове, где он обрел своё знаменитое прозвище и стал символом истинного духовного просветления. В этом святом месте, вдали от мирских забот, он достиг высочайшей степени внутреннего умиротворения, что позволило ему передать своё знание последователям. Его учения, записанные в беседах и наставлениях, продолжают жить в сердцах верующих, становясь путеводной звездой для всех, кто ищет ответы на вечные вопросы.

Известен преподобный Серафим не только как чудотворец, но и как великий учитель, чьи слова пронизаны глубоким пониманием человеческой природы. Он умел находить подход к каждому, кто приходил к нему за советом, и всегда находил слова утешения и мудрости. Его наставления подчеркивают, что истинное счастье не в материальных благах, а в постоянном стремлении к духовному возрождению, в умении видеть божественное присутствие во всём.

Особую роль в распространении его учения сыграли труды, составленные последователями, среди которых заметное место занимает сборник бесед, записанных Мошиным. Этот труд сумел передать всю глубину духовного наследия преподобного Серафима, его любовь к ближнему и искреннее стремление к внутреннему очищению. Благодаря такой работе, слова святого становятся живым руководством для миллионов верующих, продолжающих искать пути к вечному свету.

О ЦЕЛИ ХРИСТИАНСКОЙ ЖИЗНИ

Жизнь преподобного Серафима – это путь, полный испытаний, но и великих духовных побед. Он пережил множество жизненных бурь, но оставался непоколебим в вере, являясь примером стойкости и преданности Богу. Его личный пример, пронизанный смирением, любовью и мудростью, продолжает вдохновлять не только последователей православия, но и всех, кто стремится к истинному преображению души.

Таким образом, биография преподобного Серафима Саровского – это история о подвиге духа, о постоянном поиске божественного света и о том, как через внутреннюю работу над собой можно обрести настоящее счастье и гармонию. Его жизнь, наполненная искренностью, молитвой и глубоким пониманием вечных истин, остаётся неиссякаемым источником вдохновения для всех, кто ищет путь к Богу и стремится жить в свете истинной любви.

О ЦЕЛИ ХРИСТИАНСКОЙ ЖИЗНИ
БЕСЕДА ПРЕПОДОБНОГО СЕРАФИМА С Н. А. МОТОВИЛОВЫМ

Беседа преподобного Серафима с Николаем Александровичем Мотовиловым (1809–1879) о цели христианской жизни произошла в ноябре 1831 года в лесу, неподалеку от Саровской обители, и была записана Мотовиловым. Рукопись была обнаружена через 70 лет в бумагах жены Николая Александровича, Елены Ивановны Мотовиловой.

Кажущаяся простота беседы обманчива: поучения произносит один из величайших святых Русской Церкви, а слушателем является будущий подвижник веры, исцеленный по молитве Серафима от неизлечимой болезни. Именно Н.А. Мотовилову преподобный Серафим завещал перед смертью материальные заботы о своих дивеевских сиротах, об основании им Серафимо-Дивеевской обители.

Это было в четверток. День был пасмурный. Снегу было на четверть на земле, а сверху порошила довольно густая снежная крупа, когда батюшка отец Серафим начал беседу со мной на ближней пажнинке своей, возле той же его «ближней пустыньки» против речки Саровки, у горы, подходящей близко к берегам ее.

Поместил он меня на пне только что им срубленного дерева, а сам стал против меня на корточках.

— Господь открыл мне, — сказал великий старец, — что в ребячестве вашем вы усердно желали знать, в чем состоит цель жизни нашей христианской, и у многих великих духовных особ вы о том неоднократно спрашивали...

Я должен сказать тут, что с 12-летнего возраста меня эта мысль неотступно тревожила, и я, действительно, ко многим из духовных лиц обращался с этим вопросом, но ответы меня не удовлетворяли. Старцу это было неизвестно.

— Но никто, — продолжал отец Серафим, — не сказал вам о том определительно. Говорили вам: ходи в церковь, молись Богу, твори заповеди Божии, твори добро — вот тебе и цель жизни христианской. А некоторые даже негодовали на вас за то, что вы заняты не богоугодным любопытством, и говорили вам: высших себя не ищи. Но они не так говорили, как бы следовало. Вот я, убогий Серафим, растолкую вам теперь, в чем действительно эта цель состоит.

Молитва, пост, бдение и всякие другие дела христианские, сколько ни хороши они сами по себе, однако не в делании только их состоит цель нашей христианской жизни, хотя они и служат необходимыми средствами для достижения ее. Истинная же цель жизни нашей христианской состоит в стяжании Духа Святого Божьего. Пост же, и бдение, и молитва, и милостыня, и всякое Христа ради делаемое доброе дело суть средства для стяжания Святого Духа Божьего. Заметьте, батюшка, что лишь только ради Христа делаемое доброе дело приносит нам плоды Святого Духа. Все же не ради Христа делаемое, хотя и доброе, мзды в жизни будущего века нам не представляет, да и в здешней жизни благодати Божией тоже не дает. Вот почему Господь Иисус Христос сказал: *Кто не собирает со Мною, тот расточает* (Мф.12:30). Доброе дело иначе нельзя назвать как собиранием, ибо хотя оно и не ради Христа делается, однако же добро. Писание говорит: *Во всяком народе боящийся Его и поступающий по правде приятен Ему* (Деян.10:35).

И, как видим из последовательности священного повествования, этот *«поступающий по правде»* до того приятен Богу, что Корнилию сотнику, боявшемуся Бога и делавшему правду, явился Ангел Господень во время молитвы его и сказал: *Итак, пошли людей в Иоппию и призови Симона, называемого Петром. Он гостит у некоего Симона кожевника, которого дом находится при море; он скажет тебе слова, которыми спасешься ты и весь дом твой* (Деян.10:5–6). Итак, Господь все Свои Божественные средства употребляет, чтобы доставить такому человеку возможность за свои добрые дела не лишиться награды в жизни пакибытия. Но для этого надо начать здесь правой верой в Господа нашего Иисуса Христа, Сына Божия, Пришедшего в мир грешных спасти, и приобретением себе благодати Духа Святаго, Вводящего в сердца наши Царствие Божие и Прокладывающего нам дорогу к приобретению блаженства жизни будущего века. Но тем и ограничивается эта приятность Богу дел добрых, не ради Христа делаемых: Создатель наш дает средства на их осуществление. За человеком остается или осуществить их, или нет. Вот почему Господь сказал евреям: *Если бы вы были слепы, то не имели бы на себе греха; но как вы говорите, что видите, то грех остается на вас* (Ин.9:41). Воспользуйся, человек, подобно Корнилию, приятностью Богу дела своего, не ради Христа сделанного, и уверует в Сына Его, то такого рода дело вменится ему, как бы ради Христа сделанное, и только за веру в Него. В противном же случае человек не вправе жаловаться, что добро его не пошло в дело. Этого не бывает никогда только при делании какого-либо добра Христа ради, ибо добро, ради Него сделанное, не только в жизни будущего века венец правды ходатайствует, но и в здешней жизни преисполняет человека благодатию

Духа Святого, и притом, как сказано: *...ибо не мерою дает Бог Духа. Отец любит Сына и все дал в руку Его* (Ин.3:34–35).

Так-то, ваше Боголюбие! Так в стяжании этого-то Духа Божия и состоит истинная цель нашей жизни христианской, а молитва, бдение, пост, милостыня и другие ради Христа делаемые добродетели суть только средства к стяжанию Духа Божиего.

– Как же стяжание? – спросил я батюшку Серафима. – Я что-то этого не понимаю.

– Стяжание все равно что приобретение, – отвечал мне он. – Ведь вы разумеете, что значит стяжание денег? Так все равно и стяжание Духа Божия. Ведь вы, ваше Боголюбие, понимаете, что такое в мирском смысле стяжание? Цель жизни мирской обыкновенных людей есть стяжание, или наживание, денег, а у дворян сверх того – получение почестей, отличий и других наград за государственные заслуги. Стяжание Духа Божия есть тоже капитал, но только благодатный и вечный, и он, как и денежный, чиновный и временный, приобретается одними и теми же путями, очень сходственными друг с другом. Бог Слово, Господь наш Богочеловек Иисус Христос, уподобляет жизнь нашу торжищу и дело жизни нашей на земле именует куплею, и говорит всем нам: *Куплю дейте дóндеже прииду... дорожа временем, потому что дни лукавы* (Лк.19:13; Еф.5:16), то есть выгадывайте время для получения небесных благ через земные товары. Земные товары – это добродетели, делаемые Христа ради, доставляющие нам благодать Всесвятого Духа.

В притче о мудрых и юродивых девах, когда у юродивых недоставало елея, сказано: *Пойдите лучше к продающим и купите себе* (Мф.25:9). Но когда они купили, двери в чертог брачный уже были затворены, и они не могли войти в него. Некоторые говорят, что недостаток елея у юродивых дев знаменует недостаток у них прижизненных добрых дел. Такое разумение не вполне правильно. Какой же это у них был недостаток в добрых делах, когда они хоть юродивыми, все же девами называются? Ведь девство есть наивысочайшая добродетель, как состояние равноангельское, и могло бы служить заменой само по себе всех прочих добродетелей.

Я, убогий, думаю, что у них именно благодати Всесвятого Духа Божиего недоставало. Творя добродетели, девы эти, по духовному неразумию, полагали, что в том-то и дело лишь духовное, чтобы одни добродетели делать. Сделали мы-де добродетель и тем-де и дело Божие сотворили, а до того, получена ли была ими благодать Духа Божия, достигли ли они ее, им и дела не было. Про такие-то образы жизни, опирающиеся лишь на одно творение добродетелей без тщательного испытания, приносят ли они благодать Духа Божьего, и говорится в отеческих книгах: «Ин есть путь, мняйся быти благим в начале, но конец его – во дно адово».

Антоний Великий в письмах своих к монахам говорит про таких дев: «Многие монахи и девы не имеют никакого понятия о различиях в волях, действующих в человеке, и не ведают, что в нас действуют три воли: первая – Божия, всесовершенная и всеспасительная; вторая – собственная своя, человеческая, то есть, если не пагубная, то и не спасительная; третья – бесовская, вполне пагубная. И вот эта-то третья вражеская воля и научает человека или не делать никаких добродетелей, или делать их из тщеславия, или для одного добра, а не ради Христа. Вторая – собственная воля наша, научает нас делать все в усладжение нашим похотям, а то и, как враг научает, творить добро ради добра, не обращая внимания на благодать, им приобретаемую. Первая же – воля Божия и всеспасительная – в том только и состоит, чтобы делать добро единственно лишь для стяжания Духа Святого, как сокровища вечного, неоскудеваемого и ничем вполне и достойно оцениться не могущего. Оно-то, это стяжание Духа Святаго, собственно и называется тем елеем, которого недоставало у юродивых дев. За то они и названы юродивыми, что забыли о необходимом плоде добродетели, о благодати Духа Святаго, без которого и спасения никому нет и быть не может, ибо: «Святым Духом всяка душа живится и чистотою возвышается, светлеет же Тройческим единством священнотайне».

Сам Дух Святый вселяется в души наши, и это-то самое вселение в души наши Его, Вседержителя, и сопребывание с духом нашим Его Тройческого Единства и даруется нам лишь через всемерное с нашей стороны стяжание Духа Святаго, которое и предуготовляет в душе и плоти нашей престол Божьему и всетворческому с духом нашим сопребыванию, по непреложному слову Божьему: *Вселюсь в них и буду ходить в них; и буду их Богом, и они будут Моим народом* (2Кор.6:16). Вот это-то и есть тот елей в светильниках у мудрых дев, который мог светло и продолжительно гореть, и девы те с этими горящими светильниками могли дождаться и Жениха, пришедшего во полунощи, и войти с Ним в чертог радости. Юродивые же, видевши, что угасают их светильники, хотя и пошли на торжище, да купили елея, но не успели возвратиться вовремя, ибо двери уже были затворены. Торжище – жизнь наша; двери чертога брачного, затворенные и не допустившие к Жениху, – смерть человеческая; девы мудрые и юродивые – души христианские; елей – не дела, но получаемая через них вовнутрь естества нашего благодать Всесвятого Духа Божия, претворяющего оное от сего в сие, т. е. от тления в нетление, от смерти душевной в жизнь духовную, от тьмы в свет, от вертепа существа нашего, где страсти привязаны, как скоты и звери, – в храм Божества, в пресветлый чертог вечного радования о Христе Иисусе, Господе нашем, Творце и Избавителе и Вечном Женихе душ наших.

Сколь велико сострадание Божие к нашему бедствию, то есть невниманию к Его о нас попечению, когда Бог говорит: *«Се, стою у двери и стучу»* (Откр.3:20), разумея под дверями течение нашей жизни, еще не затворенной смертью! О, как желал бы я, ваше Боголюбие, чтобы в здешней жизни вы всегда были в Духе Божием! Ибо Господь в чем застанет, в том и судить будет. Горе, великое горе, если застанет Он нас отягощенными попечением и печалями житейскими, ибо кто стерпит гнев Его и против лица Его кто станет? Вот почему сказано: *«Бодрствуйте и молитесь, чтобы не впасть в искушение»* (Мф.26:41; Мк.14:38), то есть да не лишитеся Духа Божия, ибо бдение и молитва приносит нам благодать Его. Конечно, всякая добродетель, творимая ради Христа, дает благодать Духа Святого, но более всего дает молитва, потому что она всегда в руках наших, как орудие для стяжания благодати Духа.

Захотели бы вы, например, в церковь сходить, да либо церкви нет, либо служба отошла; захотели бы нищему подать, да нищего нет, либо нечего дать; захотели бы девство соблюсти, да сил нет этого исполнить по сложению вашему или по усилиям вражеских козней, которым вы по немощи человеческой противостоять не можете; захотели бы и другую какую-либо добродетель ради Христа сделать, да тоже сил нет или случая сыскать не можно. А до молитвы это уже никак не относится: на нее всякому и всегда есть возможность — и богатому и бедному, и знатному и простому, и сильному и слабому, и здоровому и больному, и праведнику и грешнику.

Как велика сила молитвы даже и грешного человека, когда она от всей души возносится, судите по следующему примеру Священного Предания: когда по просьбе отчаянной матери, лишившейся единородного сына, похищенного смертью, жена-блудница, попавшаяся ей на пути и даже еще от только что бывшего греха не очистившаяся, тронутая отчаянной скорбью матери, возопила ко Господу: «Не меня ради грешницы окаянной, но слез ради матери, скорбящей о сыне своем и твердо уверованной в милосердии и всемогуществе Твоем, Христе Боже, воскреси, Господи, сына ее...» – и воскресил его Господь.

Так-то, ваше Боголюбие, велика сила молитвы, и она более всего приносит Духа Божьего, и ее удобнее всего всякому исправлять. Блаженны будем, когда обрящет нас Господь Бог бдящими, в полноте даров Духа Его Святого! Тогда мы можем благодерзновенно надеяться быть восхищенными на облацех, во сретение Господа на воздусе, Грядущего со славою и силою многою судити живым и мертвым и воздати коемуждо по делом его.

Вот, ваше Боголюбие, за великое счастье считать изволите с убогим Серафимом беседовать, уверены будучи, что и он не лишен благодати Господней. То что речем о Самом Господе, Источнике присноноскудевающем всякия благостыни и небесныя, и земныя? А ведь молитвою мы с Ним Самим, Всеблагим и Животворящим Богом и Спасом нашим, беседовать удостаиваемся. Но и тут надобно молиться лишь до тех пор, пока Бог Дух Святый не сойдет на нас в известных Ему мерах небесной Своей благодати. И когда благоволит Он посетить нас, то надлежит уже перестать молиться. Чего же и молиться тогда Ему: *«Прииди и вселися в ны, и очисти ны от всякия скверны, и спаси, Блаже, души наша»*, когда уже пришел Он к нам, во еже спасти нас, уповающих на Него и призывающих Имя Его святое во истине, т.е. с тем, чтобы смиренно и с любовью встретить Его, Утешителя, внутрь храмин душ наших, алчущих и жаждущих Его пришествия. Я вашему Боголюбию поясню это примером: вот, хоть бы вы меня в гости к себе позвали, и я бы по зову вашему пришел к вам и хотел бы побеседовать с вами. А вы бы все-таки стали меня приглашать: милости-де просим, пожалуйте, дескать, ко мне! То я поневоле должен был бы сказать: что это он? из ума что ли выступил? Я пришел к нему, а он все-таки меня зовет! – Так-то и до Господа Бога Духа Святаго относится. Потому-то и сказано: *«Упразднитеся и разумейте, яко Аз есмь Бог, вознесуся во языцех, вознесусь на земли»*, т.е. явлюсь и буду являться всякому верующему в Меня и призывающему Меня, и буду беседовать с ним, как некогда беседовал с Адамом в раю, с Авраамом и Иаковом и с другими рабами Моими, с Моисеем, Иовом и им подобными.

Многие толкуют, что это упразднение относится только до дел мирских, т.е. что при молитвенной беседе с Богом надобно упраздниться от мирских дел. Но я вам по Бозе скажу, что хотя и от них при молитве необходимо упраздниться, но когда, при всемогущей силе веры и молитвы, соизволит Господь Бог Дух Святый посетить нас и приидет к нам в полноте неизреченной Своей благости, то надобно и от молитвы упраздниться. Молвит душа и в молве находится, когда молитву творит; а при нашествии Духа Святаго надлежит быть в полном безмолвии, слышать явственно и вразумительно все глаголы живота вечного, которые Он тогда возвестить соизволит. Надлежит при том быть в полном трезвении и души, и духа и в целомудренной чистоте плоти. Так было при горе Хориве, когда израильтянам было сказано, чтобы они до явления Божьего на Синае за три дня не прикасались бы и к женам, ибо Бог наш есть *«огнь, поядаяй все нечистое»*, и в общение с Ним не может войти никтоже от скверны плоти и духа.

– Ну а как же, батюшка, быть с другими добродетелями, творимыми ради Христа, для стяжания благодати Духа Святого? Ведь вы мне о молитве только говорить изволите?

– Стяжайте благодать Духа Святого и всеми другими Христа ради добродетелями, торгуйте ими духовно, торгуйте теми из них, которые вам больший прибыток дают. Собирайте капитал благодатных избытков благодати Божией, кладите их в ломбард вечный Божий из процентов невещественных, и не по четыре или по шести на сто, но по сто на один рубль духовный, но даже еще того в бесчисленное число раз больше. Примерно: дает вам более благодати Божией молитва и бдение, бдите и молитесь; много дает Духа Божиего пост, поститесь; более дает милостыня, милостыню творите, и таким образом о всякой добродетели, делаемой Христа ради рассуждайте.

Вот я вам расскажу про себя, убогого Серафима. Родом я из курских купцов. Так, когда не был я еще в монастыре, мы, бывало, торговали товаром, который нам больше барыша дает. Так и вы, батюшка, поступайте, и, как в торговом деле, не в том сила, чтобы больше торговать, а в том, чтобы больше барыша получить, так и в деле жизни христианской: не в том сила, чтобы только молиться или другое какое-либо доброе дело делать. Хотя апостол и говорит: *«непрестанно молитесь»* (1Фес.5:17), но да ведь, как помните, и прибавляет: *«... но в церкви хочу лучше пять слов сказать умом моим, чтобы и других наставить, нежели тьму слов на незнакомом языке»* (1Кор.14:19). И Господь говорит: *«Не всякий, говорящий Мне: "Господи, Господи!", войдет в Царство Небесное, но исполняющий волю Отца Моего Небесного»* (Мф.7:21), то есть делающий дело Божие и притом с благоговением, ибо *«проклят, кто дело Господне делает небрежно»* (Иер.48:10). А дело Божие есть: *«Да веруете в Бога и посланного Им Иисуса Христа»* (Ин.17:3). Если рассудить правильно о заповедях Христовых и апостольских, так дело наше христианское состоит не в увеличении счета добрых дел, служащих к цели нашей христианской жизни только средствами, но в извлечении из них большей выгоды, то есть для большего приобретения обильнейших даров Духа Святого.

Так желал бы я, ваше Боголюбие, чтобы и вы сами стяжали этот присноеоскудевающий источник благодати Божией и всегда рассуждали: в Духе ли Божием вы обретаетесь или нет? И если в Духе, то, благословен Бог! – не о чем говорить: хоть сейчас на страшный суд Христов. Ибо в чем застанет, в том и судить будет. Если же – нет, то надобно разобрать, отчего и по какой причине Господь Бог Дух Святой изволил оставить нас, и снова искать и доискиваться Его и не отставать до тех пор, пока искомый Господь Бог Дух Святой не сыщется и не будет снова с нами Своею благодатию. На отгоняющих же нас от Него врагов наших надобно так нападать, покуда и прах их рассеется: *...и истребляю их и поражаю их, и не встают и падают под ноги мои* (2Цар.22:39).

Так-то, батюшка. Так и извольте торговать духовно добродетелью. Раздавайте дары благодати Духа Святаго требующим, по примеру свечи возженной, которая и сама светит, горя земным огнем, и другие свечи, не умаляя своего собственного огня, зажигает во светение всем в других местах. И если это так в отношении огня земного, то что скажем об огне благодати Всесвятаго Духа Божия? Ибо, например, богатство земное, при раздавании его, оскудевает, богатство же небесное Божией благодати, чем более раздается, тем более приумножается у того, кто его раздает. Так и Сам Господь изволил сказать самарянке: *Всякий, пьющий воду сию, возжаждет опять, а кто будет пить воду, которую Я дам ему, тот не будет жаждать вовек; но вода, которую Я дам ему, сделается в нем источником воды, текущей в жизнь вечную* (Ин.4:13–14).

– Батюшка, – сказал я, – вот вы все изволите говорить о стяжании благодати Духа Святого как о цели христианской жизни; но как же и где я могу ее видеть? Добрые дела видны, а разве Дух Святой может быть виден? Как же я буду знать, со мной Он или нет?

— Мы в настоящее время, — так отвечал старец, — по нашей почти всеобщей холодности к святой вере в Господа нашего Иисуса Христа и по невнимательности нашей к действиям Его Божественного о нас Промысла и общения человека с Богом, до того дошли, что, можно сказать, почти вовсе удалились от истинно христианской жизни. Нам теперь кажутся странными слова Священного Писания, когда Дух Божий устами Моисея говорит о том, что видел Адам Господа, ходящего в раю, или когда читаем у апостола Павла: *Когда же это совершилось, Павел положил в духе, пройдя Македонию и Ахаию, идти в Иерусалим, сказав: побывав там, я должен видеть и Рим* (Деян.19:21). Неоднократно и в других местах Священного Писания говорится о явлении Бога человекам.

Таким точно образом говорится и про Авраама, и про Иакова, что они видели Господа и беседовали с Ним, а Иаков даже и боролся с Ним. Моисей видел Бога и весь народ с ним, когда он сподобился приять от Бога скрижали закона на горе Синае. Столп облачный и огненный, или, что то же – явная благодать Духа Святаго, служили путеводителями народу Божию в пустыне. Бога и благодать Духа Его Святаго люди не во сне видели и не в мечтаниях, и не в исступлении воображения расстроенного, а истинно въявь. Очень уж мы стали невнимательны к делу нашего спасения, отчего выходит, что мы и многие другие слова Священного Писания приемлем не в том смысле, как бы следовало. А все потому, что не ищем благодати Божией, не допускаем ей по гордости ума нашего вселиться в души наши и потому не имеем истинного просвещения от Господа, посылаемого в сердца людей, всем сердцем алчущих и жаждущих правды Божией.

Многие толкуют, что, когда в Библии говорится: *И создал Господь Бог человека из праха земного, и вдунул в лице его дыхание жизни, и стал человек душею живою*

(Быт.2:7), – что будто бы это значило, что в Адаме до этого не было души и духа человеческого, а была будто бы лишь плоть одна, созданная из перси земной. Неверно это толкование, ибо Господь Бог создал Адама от перси земной в том составе, как святой апостол Павел утверждает *Сам же Бог мира да освятит вас во всей полноте, и ваш дух и душа и тело во всей целости да сохранится без порока в пришествие Господа нашего Иисуса Христа* (1Фес.5:23). И все три сии части нашего естества созданы были от перси земной, и Адам не мертвым был создан, но действующим животным существом, подобно другим живущим на земле одушевленным Божиим созданиям. Но вот в чем сила, что если бы Господь Бог не вдунул потом в лице его сего дыхания жизни, то есть благодати Господа Бога Духа Святого, от Отца исходящего и в Сыне почивающего, и ради Сына в мир посылаемого, то Адам, как бы ни был он совершенно превосходно создан над прочими Божими созданиями, как венец творения на земле, все-таки пребыл бы неимущим внутрь себя Духа Святого, возводящего его в Богоподобное достоинство, и был бы подобен всем прочим созданиям, хотя и имеющим плоть, и душу, и дух, и принадлежащие каждому по роду их, но Духа Святого внутрь себя не имущим. Когда же вдунул Господь Бог в лице Адамово дыхание жизни, тогда-то, по выражению Моисееву, *и создал Господь Бог человека из праха земного, и вдунул в лице его дыхание жизни, и стал человек душею живою* (Быт.2:7), то есть совершенно во всем Богу подобным и таким, как и Он, на веки веков бессмертным. Адам сотворен был до того не подлежащим действию ни одной из сотворенных Богом стихий, что его ни вода не топила, ни огонь не жег, ни земля не могла пожрать в пропастях своих, ни воздух не мог повредить каким бы то ни было своим действием. Все покорено было ему, как любимцу Божию, как царю и обладателю твари. И все любовалось на него, как на всесовершенный венец творений Божиих. От этого-то дыхания жизни, вдохнутого в лице Адамово из Всетворческих Уст Всетворца и Вседержителя Бога, Адам до того преумудрился, что не было никогда от века, нет, да и едва ли будет когда-нибудь на земле человек премудрее и многознательнее его. Когда Господь повелел ему нарещи имена всякой твари, то каждой твари он дал на языке такие названия, которые знаменуют вполне все качества, всю силу и все свойства твари, которые она имеет по дару Божию, дарованному ей при ее сотворении.

Вот по этому-то дару вышеестественной Божией благодати, ниспосланному ему от дыхания жизни, Адам мог видеть и разуметь и Господа, ходящего в рай, и постигать глаголы Его, и беседу святых Ангелов, и язык всех зверей, и птиц, и гадов, живущих на земле, и все то, что ныне от нас, как от падших и грешных, сокрыто и что для Адама до его падения было так ясно. Такую же премудрость и силу, и всемогущество и все прочие благие и святые качества Господь Бог даровал и Еве, сотворив ее не от персти земной, а от ребра Адамова в Едеме сладости, в раю, насажденном Им посреди земли.

Для того, чтобы удобно и всегда поддерживать в себе бессмертные, Богоблагодатные и всесовершенные свойства сего дыхания жизни, Бог посадил посреди рая древо жизни, в плодах которого заключил всю сущность и полноту даров этого Божественного Своего дыхания. Если бы не согрешили Адам и Ева, то и сами, и все их потомство могли бы всегда, пользуясь вкушением от плода дерева жизни, поддерживать в себе вечно животворящую силу благодати Божией и бессмертную, вечно юную полноту сил плоти, души и духа, и непрестанную нестареемость бесконечно бессмертного всеблаженного своего состояния, даже и воображению нашему в настоящее время неудобопонятную.

Когда же вкушением от древа познания добра и зла, — преждевременно и противно заповеди Божией, — узнали различие между добром и злом и подверглись всем бедствиям, последовавшим за преступлением заповеди Божией, то лишились этого бесценного дара благодати Духа Божия, так что до самого пришествия в мир Богочеловека Иисуса Христа *не было на них Духа Святаго, потому что Иисус еще не был прославлен* (Ин.7:39).

Однако это не значит, чтобы Духа Божьего вовсе не было в мире, но Его пребывание не было таким полномерным, как в Адаме или в нас, православных христианах, а появлялось только отвне, и признаки Его пребывания в мире были известны роду человеческому. Так, например, Адаму после падения, а равно и Еве вместе с ним, были открыты многие тайны, относящиеся до будущего спасения рода человеческого. И Каину, несмотря на нечестие его и его преступление, удобопонятен был глас благодатного Божественного, хотя и обличительного, собеседования с ним. Ной беседовал с Богом. Авраам видел Бога и день Его и возрадовался. Благодать Святаго Духа, действовавшая отвне, отражалась и во всех ветхозаветных пророках и святых Израиля. У евреев потом заведены были особые пророческие училища, где учили распознавать признаки явления Божия или Ангелов и отличать действия Духа Святаго от обыкновенных явлений, случающихся в природе неблагодатной земной жизни. Симеону Богоприимцу, Богоотцам Иоакиму и Анне и многим бесчисленным рабам Божиим бывали постоянные, разнообразные въяве Божественные явления, гласы, откровения, оправдывающиеся очевидными чудесными событиями. Не с такою силою, как в народе Божием, но проявление Духа Божия действовало и в язычниках, не ведавших Бога Истинного, потому что и из их среды Бог находил избранных Себе людей. Таковы, например, были девственницы-пророчицы, сивиллы, которые обрекали себя на девство, хотя для Бога Неведомого, но все же для Бога, Творца вселенной и Вседержителя и Мироправителя, каковым Его и язычники сознавали. Также и философы языческие, которые хотя и во тьме неведения Божественного блуждали, но, ища истины, возлюбленной Богу, могли быть по самому этому Боголюбезному исканию причастными Духу Божию, ибо сказано: *ибо когда язычники, не имеющие закона, по природе законное делают, то, не имея закона, они сами себе закон* (Рим.2:14). А истину так ублажает Господь, что Сам про нее Духом Святым возвещает: *Истина возникнет из земли, и правда приникнет с небес* (Пс.84:12).

Так вот, ваше Боголюбие, и в еврейском народе священном, Богу любезном народе, и в язычниках, не ведающих Бога, а все-таки сохранялось ведение Божие, т.е., батюшка, ясное и разумное понимание того, как Господь Бог Дух Святый действует в человеке и как именно и по каким наружным и внутренним ощущениям можно удостовериться, что это действует Господь Бог Дух Святый, а не прелесть вражеская. Таким-то образом все это было от падения Адама до пришествия Господа нашего Иисуса Христа во плоти в мир.

Без этого, ваше Боголюбие, всегда сохранявшегося в роде человеческом ощутительно о действиях Духа Святаго понимания не было бы людям ни по чем возможности узнать в точности,– пришел ли в мир обетованный Адаму и Еве плод семени жены, имеющий стереть главу змиеву.

Но вот Симеон Богоприимец, сохраненный Духом Святым после предвозвещения ему на 65-м году его жизни тайны приснодевственного от Пречистыя Приснодевы Марии Его зачатия и рождения, проживши по благодати Всесвятаго Духа Божьего 300 лет, потом, на 365-м году жизни своей сказал ясно в храме Господнем, что ощутительно узнал по дару Духа Святаго, что это и есть Он

Самый, Тот Христос, Спаситель мира, о вышеестественном зачатии и рождении Коего от Духа Святаго ему было предвозвещено от Ангела.

Вот и святая Анна пророчица, дочь Фануилова, служившая восемьдесят лет от вдовства своего Господу Богу в храме Божием и известная по особенным дарам благодати Божией за вдовицу праведную, чистую рабу Божию, возвестила, что это действительно Он и есть обетованный миру Мессия, истинный Христос, Бог и человек, Царь Израилев, пришедший спасти Адама и род человеческий.

Когда же Он, Господь наш Иисус Христос, изволил совершить все дело спасения, то по Воскресении Своем дунул на апостолов, возобновив дыхание жизни, утраченное Адамом, и даровал им благодать Всесвятого Духа Божиего. Но мало сего, – ведь говорил же Он им: *Лучше для вас, чтобы Я пошел* (к Отцу – Ред.); *ибо, если Я не пойду, Утешитель не приидет к вам* (Ин.16:7). *Когда же приидет Он, Дух истины, то наставит вас на всякую истину* (Ин.16:13). *Когда же приидет Утешитель, Которого Я пошлю вам от Отца, Дух истины, Который от Отца исходит, Он будет свидетельствовать о Мне* (Ин.15:26). Это уже обещана была им благодать-возблагодать (благодать на благодать) (Ин.1:16).

И вот, в день Пятидесятницы торжественно ниспослал Он им Духа Святого в дыхании бурне, в виде огненных языков, на коемждо из них седших и вошедших в них, и наполнивших их силою огнеобразной Божественной благодати, росоносно дышащей и радостотворно действующей в душах, причащающихся Ее силе и действиям. И вот эту-то самую огнедохновенную благодать Духа Святого, когда она подается нам, всем верным Христовым, в таинстве Святого Крещения, священно запечетлевают миропомазанием в главнейших, указанных Святою Церковью местах нашей плоти, как вековечной хранительницы этой благодати. Говорится: *«Печать Дара Духа Святого»*.

А на что же, батюшка, ваше Боголюбие, кладем мы, убогие, печати свои, как не на сосуды, хранящие какую-нибудь высокоценимую нами драгоценность? Что же может быть выше всего на свете и что драгоценнее даров Духа Святого, ниспосылаемых нам свыше в Таинстве Крещения, ибо крещенская эта благодать столь велика и столь необходима, столь живоносна для человека, что даже и от человека-еретика не отъемлется до самой его смерти, то есть до срока, обозначенного свыше по Промыслу Божию для пожизненной пробы человека на земле: на что он будет годен и что он в этот Богом дарованный ему срок при посредстве свыше дарованной ему силы благодати сможет совершить. И если бы мы не грешили никогда после крещения нашего, то вовеки пребывали бы святыми, непорочными и изъятыми от всякия скверны плоти и духа угодниками Божиими. Но вот в том-то и беда, что мы, преуспевая в возрасте, не преуспеваем в благодати и в разуме Божием, как преуспевал в том Господь наш Христос Иисус, а напротив того, развращаясь мало-помалу, лишаемся благодати Всесвятого Духа Божия и делаемся в многоразличных мерах грешными людьми. Но когда кто, будучи возбужден ищущею нашего спасения премудростью Божиею, обходящею всяческая, решится ради нее на утреневание к Богу и бдение ради обретения вечного своего спасения, тогда тот послушный гласу ее, должен прибегнуть к истинному во всех грехах своих покаянию и сотворению противоположных содеянным грехам добродетелей, а через добродетели Христа ради – к приобретению Духа Святого, внутрь нас действующего и внутрь нас Царствие Божие устраивающего. Слово Божие недаром говорит: *«Царствие Небесное силою берется, и употребляющие усилие восхищают его»* (Мф.11:12). То есть, те люди, которые, несмотря и на узы греховные, связавшие их и не допускающие своим насилием и возбуждением на новые грехи прийти к Нему, Спасителю нашему, с совершенным покаянием на истязание с Ним, презирая всю крепость этих греховных связок, силятся расторгнуть узы их, такие люди являются потом действительно перед лице Божие паче снега убеленными Его благодатию. *"Приидите*, – говорит Господь. – *Если будут грехи ваши, как багряное, – как снег убелю»* (Ис.1:18).

Так некогда святой тайновидец Иоанн Богослов видел таких людей во одеждах белых, т. е. одеждах оправдания, и *«финицы в руках их»*, как знамение победы, и пели они Богу дивную песнь *"Аллилуя"*. Красоте пения их никто не мог подражать. Про них Ангел Божий сказал: *«Это те, которые пришли от великой скорби; они омыли одежды свои и убелили одежды свои Кровию Агнца»* (Откр.7:14), – испраша страданиями и убелиша их в причащении Пречистых и Животворящих Таин Плоти и Крови Агнца Непорочна и Пречиста Христа, прежде всех век закланного Его собственною волею за спасение мира, присно и доныне закалаемого и раздробляемого, но николиже иждиваемого, подающего же нам в вечное и неоскудеваемое спасение наше напутие живота вечного, во ответ благоприятен на Страшном Судищс Его и заменy дражайшую и всяк ум превосходящую того плода древа жизни, которого хотел было лишить наш род человеческий враг человеков, спадший с небес Денница.

Хотя враг-диавол и обольстил Еву, и с ней пал и Адам, но Господь не только даровал им Искупителя в плоде семени Жены, смертию смерть поправшего, но и дал всем нам в Жене, Приснодеве Богородице Марии, стершей в Самой Себе и стирающей во всем роде человеческом главу змиеву, неотступную Ходатаицу к Сыну Своему и Богу нашему, непостыдную и непреоборимую Предстательницу даже за самых отчаянных грешников. Поэтому Сама Божия Матерь и называется «Язвою бесов», ибо нет возможности бесу погубить человека, лишь бы только сам человек не отступил от прибегания к помощи Божией Матери.

Еще, ваше Боголюбие, должен я, убогий Серафим, объяснить, в чем состоит различие между действиями Духа Святого, священнотайне вселяющегося в сердца верующих в Господа Бога и Спасителя нашего Иисуса Христа, и действиями тьмы греховной, по наущению и разжжению бесовскому воровски в нас действующей. Дух Божий воспоминает нам словеса Господа нашего Иисуса Христа и действует едино с Ним, всегда торжественно, радостотворя сердца наши и управляя стопы наши на путь мирен, а дух льстивый, бесовский, противно Христу мудрствует, и действия его в нас мятежны, стропотны и исполнены похоти плотской, похоти очес и гордости житейской. *И всякий, живущий и верующий в Меня, не умрет вовек* (Ин.11:26) – имеющий благодать Святого Духа за правую веру во Христа, если бы по немощи человеческой и умер душевно от какого-либо греха, но не умрет во веки, будет воскрешен благодатию Господа нашего Иисуса Христа, вземлющаго грехи мира и туне дарующего благодать-возблагодать. Про эту-то благодать, явленную всему миру и роду нашему человеческому в Богочеловеке, и сказано в Евангелии: *«в Нем была жизнь, и жизнь была свет человеков»*, и прибавлено: *«и свет во тьме светит, и тьма не объяла его»* (Ин.1:4–5). Это значит, что благодать Духа Святого, даруемая при крещении во имя Отца и Сына и Святого Духа, несмотря на грехопадения человеческие, несмотря на тьму вокруг души нашей, все-таки светится в сердце искони бывшим Божественным светом бесценных заслуг Христовых. Этот свет Христов при нераскаянии грешника глаголет ко Отцу: Авва Отче! Не до конца прогневайся на нераскаянность эту! А потом, при обращении грешника на путь покаяния, совершенно изглаживает и следы содеянных преступлений, одевая бывшего преступника снова одеждой нетления, сотканной из благодати Духа Святого, о стяжании которой, как о цели жизни христианской, я и говорю столько времени вашему Боголюбию.

Еще скажу вам, чтобы вы еще яснее поняли, что разуметь под благодатию Божиею и как распознать ее, и в чем особливо проявляется ее действие в людях, ею просвещенных. Благодать Духа Святаго есть свет, просвещающий человека. Об этом говорит все Священное Писание. Так, Богоотец Давид сказал: *Слово Твое – светильник ноге моей и свет стезе моей, и: Если бы не закон Твой был утешением моим, погиб бы я в бедствии моем* (Пс.118:105, 92). То есть благодать Духа Святаго, выражающаяся в Законе словами заповедей Господних, есть светильник и свет мой, и если бы не эта благодать Духа Святаго, которую я так тщательно и усердно стяжеваю, что седмижды на день поучаюсь о судьбах правды Твоей, просвещала меня во тьме забот, сопряженных с великим званием моего царского сана, то откуда бы я взял себе хоть искру света, чтобы озарить путь свой по дороге жизни, темной от недоброжелательства недругов моих.

И на самом деле Господь неоднократно проявлял для многих свидетелей действие благодати Духа Святаго на тех людях, которых Он освящал и просвещал великими наитиями Его. Вспомните про Моисея после беседы его с Богом на горе Синайской. Люди не могли смотреть на него – так сиял он необыкновенным светом, окружавшим лицо его. Он даже принужден был являться народу не иначе, как под покрывалом. Вспомните Преображение Господне на горе Фаворе. Великий свет объял Его, и *вид его был, как молния, и одежда его бела, как снег* (Мф.28:3). Когда же Моисей и Илия явились к нему в том же свете, то, чтобы скрыть сияние света Божественной благодати, ослеплявшей глаза учеников, *облако светлое,* сказано, *осенило их* (Мф.17:5). И таким-то образом благодать Всесвятаго Духа Божия является в неизреченном свете для всех, которым Бог являет действие ее.

– Каким же образом, – спросил я батюшку отца Серафима, – узнать мне, что я нахожусь в благодати Духа Святого?

– Это, ваше Боголюбие, очень просто, – отвечал он мне, – потому-то и Господь говорит: *«Вся проста суть обретающим разум...».* Да беда-то вся наша в том, что сами-то мы не ищем этого разума Божественного, который не кичит (не надмевает), ибо не от мира сего есть. Разум этот, исполненный любовью к Богу и ближнему, созидает всякого человека во спасение ему. Про этот разум апостол сказал, что Бог *хочет, чтобы все люди спаслись и достигли познания истины* (1Тим.2:4). Апостолам же Своим про недостаток этого разума Господь сказал: *И говорит им: не понимаете этой притчи? Как же вам уразуметь все притчи?* (Мк.4:13). Опять же про этот разум в Евангелии говорится об апостолах, что *«Господь отверз им ум разумению Писания».* Находясь в этом разуме, апостолы всегда видели, пребывает ли Дух Божий в них или нет, и, проникнутые им, и видя сопребывание с ними Духа Божия, утвердительно говорили, что их дело свято и вполне угодно Господу Богу. Этим и объясняется, почему они в посланиях своих писали: *Угодно Святому Духу и нам* (Деян.15:28), и только на этих основаниях и предлагали свои послания как истину непреложную, на пользу всем верным, – так святые апостолы ощутительно сознавали в себе присутствие Духа Божия... Так вот, ваше Боголюбие, видите ли, как это просто?

Я отвечал:

– Все-таки я не понимаю, почему я могу быть твердо уверенным, что я в Духе Божием. Как мне самому в себе распознать истинное Его явление?

Батюшка Отец Серафим отвечал:

– Я уже, ваше Боголюбие, подробно рассказал вам, как люди бывают в Духе Божием и как должно разуметь Его явление в нас... Что же вам, батюшка, надобно?

– Надобно, – сказал я, – чтобы я понял это хорошенько.

Тогда отец Серафим взял меня весьма крепко за плечи и сказал мне:

– Мы оба теперь, батюшка, в Духе Божием с тобою. Что же ты не смотришь на меня?

Я отвечал:

– Не могу, батюшка, смотреть, потому что из глаз ваших молнии сыпятся. Лицо ваше сделалось светлее солнца, и у меня глаза ломит от боли.

Отец Серафим сказал:

– Не устрашайтесь, ваше Боголюбие! И вы теперь сами так же светлы стали, как и я сам. Вы сами теперь в полноте Духа Божиего, иначе вам нельзя было бы и меня таким видеть.

И приклонив ко мне свою голову, он тихонько на ухо сказал мне:

– Благодарите же Господа Бога за неизреченную к вам милость Его. Вы видели, что я и не перекрестился даже, а только в сердце моем мысленно Господу Богу и внутри себя сказал: «Господи, удостой его ясно и телесными глазами видеть то сошествие Духа Твоего, которым Ты удостоиваешь рабов Своих, когда благоволишь являться во свете великолепной славы Твоей!» И вот, батюшка, Господь и исполнил мгновенно смиренную просьбу убогого Серафима... Как же не благодарить Его за этот неизреченный дар нам обоим? Этак, батюшка, не всегда и великим пустынникам являет Господь милость Свою. Это благодать Божия благоволила утешить сокрушенное сердце ваше, как мать чадолюбивая, по предстательству Самой Матери Божией... Что же, батюшка, не смотрите мне в глаза? Смотрите просто, не убойтесь – Господь с нами!

Я взглянул после этих слов в лицо его, и напал на меня еще больший благоговенный ужас. Представьте себе, в середине солнца, в самой блистательной яркости его полуденных лучей, лицо человека, с вами разговаривающего. Вы видите движение уст его, меняющееся выражение его глаз, слышите его голос, чувствуете, что кто-то вас руками держит за плечи, но не только рук этих не видите, не видите ни самих себя, ни фигуры его, а только один свет ослепительный, простирающийся далеко, на несколько сажен кругом, и озаряющий ярким блеском своим и снежную пелену, покрывающую поляну, и снежную крупу, осыпающую сверху и меня, и великого старца. Возможно ли представить себе то положение, в котором я находился тогда?

– Что же чувствуете вы теперь? – спросил меня отец Серафим.

– Необыкновенно хорошо! – сказал я.

– Да как же хорошо? Что именно?

Я отвечал:

– Чувствую я такую тишину и мир в душе моей, что никакими словами выразить не могу!

– Это, ваше Боголюбие, – сказал батюшка Серафим, – тот мир, про который Господь сказал ученикам Своим: *«Мир Мой даю вам; не так как мир дает, Я даю вам... Если бы вы были от мира, то мир любил бы свое; а как вы не от мира, но Я избрал вас от мира, потому что ненавидит вас мир»* (Ин.15:19; Ин.14:27). Вот этим-то людям, ненавидимым от мира сего, избранным же от Господа, и дает Господь тот мир, который вы теперь в себе чувствуете; *"мир"*, по слову апостольскому, *«всяк ум преимущий»*. Таким его называет апостол, потому что нельзя выразить никаким словом того благосостояния душевного, которое он производит в тех людях, в сердца которых его внедряет Господь Бог. Христос Спаситель называет его миром от щедрот Его собственных, а не от мира сего, ибо никакое временное земное благополучие не может дать его сердцу человеческому: он свыше даруется от Самого Господа Бога, потому и называется миром Божиим...

– Что же еще чувствуете вы? – спросил меня отец Серафим.

– Необыкновенную сладость! – сказал я.

И он продолжал:

– Это та сладость, про которую говорится в Священном Писании: *«от тука дома Твоего, и из потока сладостей Твоих Ты напояешь их»* (Пс.35:9). Вот эта-то теперь сладость преисполняет сердца наши и разливается по всем жилам нашим неизреченным усаждением. От этой-то сладости наши сердца как будто тают, и мы оба исполнены такого блаженства, какое никаким языком выражено быть не может... Что же еще вы чувствуете?

– Необыкновенную радость во всем моем сердце!

И батюшка отец Серафим продолжал:

– Когда Дух Божий нисходит к человеку и осеняет его полнотою Своего наития, тогда душа человеческая преисполняется неизреченною радостью, ибо Дух Божий радостотворит все, к чему бы Он ни прикоснулся. Эта та самая радость, про которую Господь говорит в Евангелии Своем: *«Женщина, когда рождает, терпит скорбь, потому что пришел час ее; но когда родит младенца, уже не помнит скорби от радости, потому что родился человек в мир. Так и вы теперь имеете печаль; но Я увижу вас опять, и возрадуется сердце ваше, и радости вашей никто не отнимет у вас* (Ин.16:21–22, 33). Но как бы ни была утешительна радость эта, которую вы теперь чувствуете в сердце своем, все-таки она ничтожна в сравнении с тою, про которую Сам Господь устами Своего апостола сказал, *«что не видел того глаз, не слышало ухо, и не приходило то на сердце человеку, что приготовил Бог любящим Его»* (1Кор.2:9). Предзадатки этой радости даются нам теперь, и если от них так сладко, хорошо и весело в душах наших, то что сказать о той радости, которая уготована там, на небесах, плачущим здесь, на земле? Вот и вы, батюшка, довольно-таки поплакали в жизни вашей на земле, и смотрите-ка, какою радостью утешает вас Господь еще в здешней жизни. Теперь за нами, батюшка, дело, чтобы, труды к трудам прилагая, восходить нам от силы в силу и достигнуть меры возраста исполнения Христова, да сбудутся на нас слова Господни: *«Терпящие же Господа, тии изменят крепость, окрилотеют, яко орли, потекут и не утрудятся, пойдут и не взалчут, пойдут от силы в силу, и явится им Бог богов в Сионе разумения и небесных видений...»*. Вот тогда-то наша теперешняя радость, являющаяся нам вмале и вкратце, явится во всей полноте своей, и никтоже возьмет ее от нас, преисполняемых неизъяснимых пренебесных наслаждений... Что же еще вы чувствуете, ваше Боголюбие?

Я отвечал:

– Теплоту необыкновенную!

– Как, батюшка, теплоту? Да ведь мы в лесу сидим. Теперь зима на дворе, и под ногами снег, и на нас более вершка снегу, и сверху крупа падает... Какая же может быть тут теплота?

Я отвечал:

– А такая, какая бывает в бане, когда поддадут на каменку и когда из нее столбом пар валит...

– И запах, – спросил он меня, – такой же, как из бани?

– Нет, – отвечал я, – на земле нет ничего подобного этому благоуханию... Когда, еще при жизни матушки моей я любил танцевать и ездить на балы и танцевальные вечера, то матушка моя опрыснет меня, бывало, духами, которые покупала в лучших магазинах Казани, но и те духи не издают такого благоухания...

И батюшка Серафим, приятно улыбнувшись, сказал:

— И сам я, батюшка, знаю это точно так же, как и вы, да нарочно спрашиваю у вас, – так ли вы это чувствуете? Сущая правда, ваше Боголюбие! Никакая приятность земного благоухания не может быть сравнена с тем благоуханием, которое мы теперь ощущаем, потому что нас теперь окружает благоухание Святого Духа Божия. Что же земное может быть подобно ему!.. Заметьте же, ваше Боголюбие, ведь вы сказали мне, что кругом нас тепло, как в бане, а посмотрите-ка: ведь ни на вас, ни на мне снег не тает и под нами также. Стало быть теплота эта не в воздухе, а в нас самих. Она-то и есть именно та самая теплота, про которую Дух Святой словами молитвы заставляет нас вопиять к Господу: *«Теплотою Духа Святаго согрей мя»*. Ею-то согреваемые пустынники и пустынницы не боялись зимнего мраза, будучи одеваемы, как в теплые шубы, в благодатную одежду, от Святого Духа истканную. Так ведь и должно быть на самом деле, потому что благодать Божия должна обитать внутри нас, в сердце нашем, ибо Господь сказал: *«Царствие Божие внутрь вас есть»* (Лк.17:21). Под Царствием же Божиим Господь разумел благодать Духа Святого. Вот это Царствие Божие теперь внутрь нас и находится, и благодать Духа Святого и отвне осияваеет, и согревает нас, и, преисполняя многоразличным благоуханием окружающий нас воздух, услаждает наши чувства пренебесным услаждением, напояя сердца наши радостью неизглаголанною. Наше теперешнее положение есть то самое, про которое апостол говорил: *«Царствие Божие не пища и питие, но праведность и мир и радость во Святом Духе»* (Рим.14:17). Вера наша состоит *не в убедительных словах человеческой мудрости, но в явлении духа и силы* (1Кор.2:4). Вот в этом-то состоянии именно и сказал Господь: *Истинно говорю вам: есть некоторые из стоящих здесь, которые не вкусят смерти, как уже увидят Царствие Божие, пришедшее в силе* (Мк.9:1).

Вот, батюшка, ваше Боголюбие, какой неизреченной радости сподобил нас теперь Господь Бог! Вот что значит быть в полноте Духа Святаго, про которую святой Макарий Египетский пишет: «Я сам был в полноте Духа Святаго...» Этою-то полнотою Духа Своего Святаго и нас, убогих, преисполнил теперь Господь... Ну, уж теперь нечего более, кажется, спрашивать, ваше Боголюбие, каким образом бывают люди в благодати Духа Святаго! Будете ли вы помнить теперешнее явление неизреченной милости Божией, посетившей нас?

– Не знаю, батюшка, – сказал я, – удостоит ли меня Господь навсегда помнить так живо и явственно, как теперь я чувствую, эту милость Божию.

– А я мню, – отвечал мне отец Серафим, – что Господь поможет вам навсегда удержать это в памяти вашей, ибо иначе благодать Его не приклонилась бы так мгновенно к смиренному молению моему и не предварила бы так скоро послушать убогого Серафима, тем более что и не для вас одних дано вам разуметь это, а через вас для целого мира, чтобы вы сами, утвердившись в деле Божием, и другим могли быть полезными. Что же касается до того, батюшка, что я монах, а вы мирской человек, то об этом думать нечего: у Бога взыскуется правая вера в Него и Сына Его Единородного. За это и подается обильно свыше благодать Духа Святого. Господь ищет сердца, преисполненного любовью к Богу и ближнему, – вот престол, на котором Он любит восседать и на котором Он является в полноте Своей небесной славы. *«Сыне, даждь Ми сердце твое!* – говорит Он. – *А все прочее Я Сам приложу тебе»*, ибо в сердце человеческом может вмещаться царствие Божие. Господь заповедует ученикам Своим: *«Ищите прежде Царствия Божия и правды Его, и ... приложится вам. [...] Потому что Отец Ваш небесный знает, что вы имеете нужду во всем этом»* (Мф.6:32–33; Лк.12:30–31). Не укоряет Господь Бог за пользование благами земными, ибо и Сам говорит, что по положению нашему в жизни земной, мы всех сих требуем, то есть всего, что успокаивает на земле нашу человеческую жизнь и делает удобным и более легким путь наш к отечеству небесному. На это опираясь, св. Апостол Павел сказал, что, по его мнению, нет ничего лучше на свете, как благочестие, соединённое с довольством. И Церковь Святая молится о том, чтобы это было нам даровано Господом Богом; и хотя прискорбия, несчастия и разнообразные нужды и неразлучны с нашей жизнью на земле, однако же Господь Бог не хотел и не хочет, чтобы мы были только в одних скорбях и напастях, почему и заповедует нам через апостолов носить тяготы друг друга и тем исполнить закон Христов. Господь Иисус Христос лично дает нам заповедь, чтобы мы любили друг друга и, соутешаясь этой взаимной любовью, облегчали себе прискорбный и тесный путь нашего шествования к отечеству небесному. Для чего же Он и с небес сошел к нам, как не для того, чтобы, восприяв на Себя нашу нищету, обогатить нас богатством благости Своей и Своих неизреченных щедрот? Ведь пришел Он не для того, чтобы послужили Ему, но да послужит Сам другим и да даст душу Свою за избавление многих. Так и вы, ваше Боголюбие, творите и, видевши явно оказанную вам милость Божию, сообщайте о том всякому желающему себе спасения. «*Жатвы много,* – говорит Господь, – *делателей мало*» (Лк.10:2). Вот и нас Господь Бог извел на делание и дал дары благодати Своей, чтобы, пожиная колосья спасения наших ближних через множайшее число приведенных нами в Царствие Божие, принесли Ему плоды – ово тридесять, ово шестьдесят, ово же сто. Будем же блюсти себя, батюшка, чтобы не быть нам осужденными с тем лукавым и ленивым рабом, который закопал свой талант в землю, а будем стараться подражать тем благим и верным рабам Господа, которые принесли

Господину своему: один – вместо двух – четыре, а другой – вместо пяти – десять. О милосердии же Господа Бога сомневаться нечего. Сами, ваше Боголюбие, видите, как слова Господни, сказанные через пророка, сбылись на нас: *Разве Я – Бог только вблизи, говорит Господь, а не Бог и вдали?* (Иер.23:23). Не успел я, убогий, перекреститься, а только лишь в сердце своем пожелал, чтобы Господь удостоил вас видеть благостыню во всей ее полноте, как уже Он немедленно и на деле исполнением моего пожелания поспешить изволил. Не велехваляся говорю я это, и не с тем, чтобы показать вам свое значение и привести вас в зависть, и не для того, чтобы вы подумали, что я монах, а вы мирянин, нет, ваше Боголюбие, нет! *«Близ Господь всем призывающим Его во истине, и несть у Него зрения на лица, Отец бо любит Сына и вся дает в руце Его»*. Лишь бы только мы сами любили Его, Отца нашего Небесного, истинно, по-сыновнему. Господь равно слушает и монаха, и мирянина, простого христианина, лишь бы оба были православные и оба любили Бога из глубины душ своих, и оба имели в Него веру, хотя бы *«яко зерно горушно»*, и оба двинут горы. *«Един движет тысящи, два же – тьмы»*. Сам Господь говорит: *«Все возможно верующему»* (Мк.9:23), а батюшка святой Павел восклицает: *«Все могу в укрепляющем меня Иисусе Христе»* (Флп.4:13). Не дивнее ли еще этого Господь наш Иисус Христос говорит о верующих в Него: *«Верующий в Меня, дела, которые творю Я, и он сотворит, и больше сих сотворит, потому что Я к Отцу Моему иду. [...] И Я умолю Отца... и радость ваша будет совершенна. Доныне вы ничего не просили во имя Мое; просите, и получите...* (Ин.14:12, 16; Ин.15:11; Ин.16:24).

Так-то, ваше Боголюбие, все, о чем бы вы ни попросили у Господа Бога, все восприимете, лишь бы только то было во славу Божию или на пользу ближнего, потому что и пользу ближнего Он же к славе Своей относит, почему и говорит: *«Так как вы сделали это одному из сих братьев Моих меньших, то сделали Мне»* (Мф.25:40). Так не имейте никакого сомнения, чтобы Господь Бог не исполнил ваших прошений, лишь бы только они или к славе Божией, или к пользе и назиданию ближних относились. Но, если бы даже и для собственной вашей нужды, или пользы, или выгоды вам что-либо было нужно, и это даже все столь же скоро и благопослушливо Господь Бог изволит послать вам, только бы в том *крайняя* нужда и необходимость настала, ибо любит Господь любящих Его; благ Господь всяческим, щедрит же и дает и непризывающим имени Его, и щедроты Его во всех делах Его, волю же боящихся Его сотворит и молитву их услышит, и весь совет исполнит, исполнит Господь вся прошения твоя. Одного опасайтесь, ваше Боголюбие, чтобы не просить у Господа того, в чем не будете иметь крайней нужды. Не откажет Господь вам и в том за вашу православную веру во Христа Спасителя, ибо не предаст Господь жезла праведных и волю раба Своего Давида сотворит неукоснительно, однако взыщет с него, зачем он тревожил Его без особой нужды, просил у Него того, без чего мог бы весьма удобно обойтись.

Так-то, ваше Боголюбие, все я вам сказал теперь и на деле показал, что Господь и Матерь Божия через меня, убогого Серафима, вам сказать и показать соблаговолили. Грядите же с миром. Господь и Божия Матерь с вами да будет всегда, ныне и присно и во веки веков. Аминь. Грядите же с миром!..

И во время всей беседы этой, с того самого времени, как лицо отца Серафима просветилось, видение это не переставало, и все с начала рассказа и доселе сказанное говорил он мне, находясь в одном и том же положении. Исходившее же от него неизреченное блистание света видел я сам, своими собственными глазами, что готов подтвердить и присягою.

***

На этом месте заканчивается мотовиловская рукопись. Глубину значения этого акта торжества Православия не моему перу стать выяснять и подчеркивать, да он и не требует свидетельства о себе, ибо сам о себе свидетельствует с такой несокрушимой силой, что его значения не умалить суесловиям мира сего.

Но, если бы кто мог видеть, в каком виде достались мне бумаги Мотовилова, хранившие в своих тайниках это драгоценное свидетельство богоугодного жития святого старца! Пыль, галочьи и голубиные перья, птичий помет, обрывки совсем неинтересных счетов, бухгалтерские, сельскохозяйственные выписки, копии с прошений, письма сторонних лиц – все в одной куче, вперемешку одно с другим, и всего весу 4 пуда 25 фунтов. Все бумаги ветхие, исписанные беглым и до такой степени неразборчивым почерком, что я просто в ужас пришел: где тут разобраться?!

Разбирая этот хаос, натыкаясь на всевозможные препятствия, – особенно почерк был для меня камнем преткновения, – я, помню, чуть не поддался отчаянию. А тут, среди всей этой макулатуры нет-нет и блеснет искоркой во тьме с трудом разобранная фраза: «Батюшка о. Серафим говорил мне...» Что говорил? Что скрывают в себе эти неразгаданные иероглифы? Я приходил в отчаяние.

Помню, под вечер целого дня упорного и бесплодного труда, я не вытерпел, и взмолился: «Батюшка Серафим! Неужели же для того ты дал мне возможность получить рукописи твоего «служки» из такой дали, как Дивеев, чтобы неразобранными возвратить их забвению?»

От души, должно быть, было мое восклицание. Наутро, взявшись за разбор бумаг, я сразу же нашел эту рукопись, и тут же получил способность разбирать мотовиловский почерк. Нетрудно представить себе мою радость, и как знаменательны мне показались слова этой рукописи: «А я мню, – отвечал мне о. Серафим, – что Господь поможет вам навсегда удержать это в памяти, ибо иначе благость Его не преклонилась бы так мгновенно к смиренному молению моему и не предварила бы так скоро послушать убогого Серафима, тем более, что *«и не для вас одних дано вам разуметь это, а через вас – для целого мира...»*

Семьдесят долгих лет лежало это сокровище под спудом на чердаках, среди разного забытого хлама. Надо же было ему попасть в печать, да еще когда – перед самым прославлением святых мощей того, кого Православная Церковь начинает просить: *«Преподобие отче Серафиме, моли Бога о нас!»*

19 мая 1903 года

ДУХОВНЫЕ НАСТАВЛЕНИЯ МИРЯНАМ И ИНОКАМ

«Духовные наставления» преп. о. Серафима собраны, записаны и впервые изданы постриженником Саровской пустыни о. Сергием, который впоследствии был иеромонахом Троице-Сергиевой Лавры и архимандритом Высоцкого Серпуховского монастыря. Этому же автору принадлежит и первое жизнеописание о. Серафима, составленное в 1837 году.

Святитель Филарет, митрополит Московский (прославлен в лике святых 4 декабря 1994 г.), всегда глубоко чтивший великого Саровского старца и подвижника, сам пересмотрел и исправил сочинения о. Сергия, чтобы устранить возможные препятствия к их напечатанию.

2 августа 1838 года он писал своему наместнику, архимандриту Антонию: «Посылаю вам, отец наместник, просмотренные мною Поучения, или духовные наставления, о. Серафима. Я позволил себе переменить или дополнить некоторые выражения, частью, чтоб язык был правильнее, частью, чтобы мысли, не довольно полно и не довольно обыкновенно выраженные, оградить от неправильного разумения или от прекословий. Посмотрите и скажите мне, можно ли думать, что я не переиначил или не повредил где-либо мыслей старца».

В 1839 г. «Духовные наставления» преп. Серафима увидели свет, но не вместе с житием св. старца, а в книге:

«Краткое начертание жизни старца Саровской пустыни, схимонаха и пустынника Марка».

Житие же преп. Серафима, составленное о. Сергием, после многих и продолжительных хлопот митрополита Филарета, было издано лишь в 1841 году.

О БОГЕ

Бог есть огнь, согревающий и воспламеняющий сердца и утробы. Итак, если мы ощутим в сердцах своих хлад, который от диавола, ибо диавол хладен, то призовем Господа, и Он, пришед, согреет наше сердце совершенною любовью не только к Нему, но и к ближнему. И от лица теплоты изгонится хлад доброненавистника.

Отцы написали, когда их спрашивали: ищи Господа, но не испытуй, где живет.

Где Бог, там нет зла. Все происходящее от Бога мирно и полезно, и приводит человека к смирению и самоосуждению.

Бог являет нам Свое человеколюбие не только тогда, когда мы делаем добро, но и когда оскорбляем и прогневляем Его. Как долготерпеливо сносит Он наши беззакония! И когда наказывает, как благоутробно наказывает!

Не называй Бога правосудным, говорит преподобный Исаак, ибо в делах твоих не видно Его правосудия. Если Давид и называл Его правосудным и правым, но Сын Его показал нам, что Он более благ и милостив. Где Его правосудие? Мы были грешники, и Христос умер за нас (Исаак Сир. Сл. 90).

Поколику совершенствуется человек перед Богом, потолику вслед Его ходите, в истинном же веке Бог являет ему лицо Свое. Ибо праведные, по той мере, как входят в созерцание Его, зрят образ, как в зеркале, а там зрят явление истины.

Если не знаешь Бога, то невозможно, чтобы возбудилась в тебе и любовь к Нему; и не можешь любить Бога, если не увидишь Его. Видение же Бога бывает от познания Его: ибо созерцание Его не предшествует познанию Его.

О делах Божиих не должно рассуждать по насыщении чрева: ибо в наполненном чреве нет ведения тайн Божиих.

О ПРИЧИНАХ ПРИШЕСТВИЯ В МИР ИИСУСА ХРИСТА

Причины пришествия в мир Иисуса Христа, Сына Божия, суть:

1. Любовь Божия к роду человеческому: Ибо так возлюбил Бог мир, что отдал Сына Своего Единородного, дабы всякий верующий в Него не погиб, но имел жизнь вечную *(Ин. 3:16)*.

2. Восстановление в падшем человеке образа и подобия Божия, как о сем воспевает Святая Церковь (1-й канон на Рожд. Господне, песнь 1): «*Истлевши преступлением по Божию образу бывшаго, всего тления суща, лучшия отпадша Божественныя жизни, паки обновляет мудрый Содетель*».

3. Спасение душ человеческих: Ибо не послал Бог Сына Своего в мир, чтобы судить мир, но чтобы мир спасен был чрез Него *(Ин. 3:17)*.

Итак, мы, следуя цели Искупителя нашего Господа Иисуса Христа, должны жизнь свою препровождать согласно Его Божественному учению, дабы чрез сие получить спасение душам нашим.

О ВЕРЕ

Прежде всего должно веровать в Бога, *что он есть, и ищущим Его воздает* (Евр.11:6).

Вера, по учению преподобного Антиоха, есть начало нашего соединения с Богом: истинно верующий есть камень храма Божия, уготованный для здания Бога Отца, вознесенный на высоту силою Иисуса Христа, т.е. крестом, помощью вервия, т.е. благодати Духа Святаго.

Вера без дел мертва есть (Иак.2:26); а дела веры суть: любовь, мир, долготерпение, милость, смирение, несение креста и жизнь по духу. Только такая вера вменяется в правду. Истинная вера не может быть без дел: кто истинно верует, тот непременно имеет и дела.

О НАДЕЖДЕ

Все, имеющие твердую надежду на Бога, возводятся к Нему и просвещаются сиянием вечного света.

Если человек не имеет вовсе никакого попечения о себе ради любви к Богу и дел добродетели, зная, что Бог печется о нем, – таковая надежда есть истинная и мудрая. А если человек сам печется о своих делах и обращается с молитвою к Богу лишь тогда, когда уже постигают его неизбежные беды и в собственных силах не видит он средств к отвращению их и начинает надеяться на помощь Божию, – такая надежда суетна и ложна. Истинная надежда ищет единаго Царствия Божия и уверена, что все земное, потребное для жизни временной, несомненно дано будет. Сердце не может иметь мира, доколе не стяжет сей надежды. Она умиротворит его и вольет в него радость. О сей-то надежде сказали достопокланяемые и святейшие уста: *Придите ко Мне, все труждающиеся и обремененные, и Я успокою вас* (Мф.11:28), т.е. надейся на Меня, и утешишься от труда и страха.

В Евангелии от Луки сказано о Симеоне: Ему было предсказано Духом Святым, что он не увидит смерти, доколе не увидит Христа Господня *(Лк.2:26). И он не умертвил надежды своей, но ждал вожделенного Спасителя мира и, с радостью приняв Его на руки свои, сказал:* Ныне отпускаешь раба Твоего, Владыко, по слову Твоему, с миром, ибо видели очи мои спасение Твое *(Лк.2:29).*

О ЛЮБВИ К БОГУ

Стяжавший совершенную любовь к Богу существует в жизни сей так, как бы не существовал. Ибо считает себя чужим для видимого, с терпением ожидая невидимого. Он весь изменился в любовь к Богу и забыл всякую другую любовь.

Кто любит себя, тот любить Бога не может. А кто не любит себя ради любви к Богу, тот любит Бога.

Истинно любящий Бога считает себя странником и пришельцем на земли сей: ибо душою и умом в своем стремлении к Богу созерцает Его одного.

Душа, исполненная любви Божией, во время исхода своего из тела, не убоится князя воздушного, но со Ангелами возлетит, как бы из чужой страны на родину.

ПРОТИВ ИЗЛИШНЕЙ ПОПЕЧИТЕЛЬНОСТИ

Излишнее попечение о вещах житейских свойственно человеку неверующему и малодушному. И горе нам, если мы, заботясь сами о себе, не утверждаемся надеждою нашею в Боге, пекущемся о нас! Если видимых благ, которыми в настоящем веке пользуемся, не относим к Нему, то как можем ожидать от Него тех благ, которые обещаны в будущем? Не будем такими маловерными, а лучше будем искать *прежде Царства Божия и правды Его, и это все приложится вам,* по слову Спасителя (Мф.6:33).

Лучше для нас презирать то, что не наше, т.е. временное и преходящее, и желать нашего, т.е. нетления и бессмертия. Ибо когда будем нетленны и бессмертны, тогда удостоимся видимого Богосозерцания, подобно апостолам при Божественнейшем Преображении, и приобщимся превыше умного единения с Богом, подобно небесным умам. Ибо будем подобны ангелам: и сынами Божиими, *сынами воскресения* (Лк.20:36).

О ПОПЕЧЕНИИ О ДУШЕ

Человек по телу подобен зажженной свече. Свеча должна сгореть, так и человек должен умереть. Но душа бессмертна, потому и попечение наше должно быть более о душе, нежели о теле: *какая польза человеку, если он приобретет весь мир, а душе своей повредит? Или какой выкуп даст человек за душу свою?* (Мк.8:36–37), за которую, как известно, ничто в мире не может быть выкупом? Если одна душа сама по себе драгоценнее всего мира и царства мирского, то несравненно дороже Царство Небесное. Душу же почитаем драгоценнее всего по той причине, как говорит Макарий Великий, что Бог ни с чем не благоволил сообщиться и соединиться Своим духовным естеством, ни с каким видимым созданием, но с одним человеком, которого возлюбил более всех тварей Своих (Макарий Вел. Слово о свободе ума. Гл. 32). Василий Великий, Григорий Богослов, Иоанн Златоуст, Кирилл Александрийский, Амвросий Медиоланский и прочие от юности до конца жизни были девственники; вся их жизнь была обращена на попечение о душе, а не о теле. Так и нам все старания должно иметь о душе; тело же подкреплять для того только, чтобы оно способствовало к подкреплению духа.

ЧЕМ ДОЛЖНО СНАБДЕВАТЬ ДУШУ?

Душу снабдевать надобно словом Божиим: ибо слово Божие, как говорит Григорий Богослов, есть хлеб ангельский, имже питаются души, Бога алчущие. Всего же более должно упражняться в чтении Нового Завета и Псалтири, что должно делать стоящему. От сего бывает просвещение в разуме, который изменяется изменением Божественным.

Надобно так себя обучить, чтобы ум как бы плавал в законе Господнем, которым руководствуясь, должно устроять и жизнь свою.

Очень полезно заниматься чтением слова Божия в уединении и прочитать всю Библию разумно. За одно таковое упражнение, кроме других добрых дел, Господь не оставит человека Своею милостью, но исполнит его дара разумения.

Когда же человек снабдит душу свою словом Божиим, тогда исполняется разумением того, что есть добро и что есть зло.

Чтение слова Божия должно быть производимо в уединении для того, чтобы весь ум чтущего углублен был в истины Священного Писания и принимал от сего в себя теплоту, которая в уединении производит слезы; от сих человек согревается весь и исполняется духовных дарований, услаждающих ум и сердце паче всякого слова.

Телесный труд и упражнение в Божественных Писаниях, учит преподобный Исаак Сирин, охраняют чистоту.

Пока не приимет Утешителя, человек имеет нужду в Божественных Писаниях, чтобы воспоминание о благих напечатлевалось в уме его и от непрестанного чтения обновлялось в нем стремление ко благу и охраняло душу его от тонких путей греха (Исаак Сир. Сл. 58).

Следует также снабдевать душу и познаниями о Церкви, как она от начала и доселе сохраняется, что терпела она в то или другое время, – знать же сие не для того, чтоб желать управлять людьми, но на случай могущих встретиться вопрошаний.

Более же всего оное делать должно собственно для себя, чтоб приобрести мир душевный, по учению Псалмопевца: *Велик мир у любящих закон Твой* (Пс.118:165).

О МИРЕ ДУШЕВНОМ

Ничто же лучше есть во Христе мира, в немже разрушается всякая брань воздушных и земных духов: потому что наша брань не против крови и плоти, но против начальств, против властей, против мироправителей тьмы века сего, против духов злобы поднебесных *(Еф.6:12).*

Признак разумной души, когда человек погружает ум внутрь себя и имеет делание в сердце своем. Тогда благодать Божия приосеняет его, и он бывает в мирном устроении, а посредством сего и в премирном: в мирном, т.е. с совестью благою, в премирном же, ибо ум созерцает в себе благодать Святаго Духа.

Можно ли, видя солнце чувственными очами, не радоваться? Но сколько радостнее бывает, когда ум видит внутренним оком Солнце правды, Христа. Тогда воистину радуется радостью ангельскою; о сем и апостол сказал: *наше же жительство – на небесах* (Флп.3:20).

Когда кто в мирном устроении ходит, тот как бы лжицею черпает духовные дары.

Святые отцы, имея мирное устроение и будучи осеняемы благодатью Божиею, жили долго.

Когда человек придет в мирное устроение, тогда он может от себя и на прочих изливать свет просвещения разума; прежде же сего человеку надобно повторять сии слова Анны пророчицы: *дерзкие слова да не исходят из уст ваших* (1Цар.2:3), и слова Господни: *вынь прежде бревно из твоего глаза, и тогда увидишь, как вынуть сучок из глаза брата твоего* (Мф.7:5).

Сей мир, как некое бесценное сокровище, оставил Господь наш Иисус Христос ученикам Своим пред смертью Своею, глаголя: *мир оставляю вам, мир Мой даю вам* (Ин.14:27). О нем также говорит и Апостол: *И мир Божий, который превыше всякого ума, соблюдет сердца ваши и помышления ваши во Христе Иисусе* (Флп.4:7). Если не вознерадит человек о потребностях мирских, то не может иметь мира души.

Мир душевный приобретается скорбями. Писание говорит: *мы вошли в огонь и в воду, и Ты вывел нас на свободу* (Пс.65:12). Хотящим угодить Богу путь лежит сквозь многие скорби.

Ничто так не содействует стяжанию внутреннего мира, как молчание и, сколько возможно, непрестанная беседа с собою и редкая с другими.

Итак, мы должны все свои мысли, желания и действия сосредоточивать к тому, чтоб получить мир Божий и с Церковью всегда вопиять: *Господи! Ты даруешь нам мир* (Ис.26:12).

О ХРАНЕНИИ МИРА ДУШЕВНОГО

Всеми мерами надобно стараться, чтоб сохранить мир душевный и не возмущаться оскорблениями от других; для сего нужно всячески стараться удерживать гнев и посредством внимания ум и сердце соблюдать от непристойных движений.

Таковое упражнение может доставить человеческому сердцу тишину и соделать оное обителью для Самого Бога.

Образ такого безгневия мы видим на Григории Чудотворце, у которого в публичном месте жена некая блудница просила мзды, якобы за содеянный с нею грех; а он, на нее нимало не разгневавшись, кротко сказал некоему своему другу: даждь скоро ей цену, колико требует. Жена, только что прияла неправедную мзду, подверглась нападению беса; святый же отгнал от нее беса молитвою (Четьи Минеи, ноябрь 17, в житии его).

Ежели же невозможно, чтобы не возмутиться, то, по крайней мере, надобно стараться удерживать язык, по глаголу псалмопевца: *я потрясен и не могу говорить* (Пс.76:5).

В сем случае сможем в образец себе взять св. Спиридона Тримифунтского и преп. Ефрема Сирина. Первый (Чет. Мин., дек. 12, в житии его) так перенес оскорбление: когда по требованию царя греческого входил он во дворец, то некто из слуг, в палате царской бывших, сочтя его за нищего, смеялся над ним, не пускал его в палату, а потом ударил и в ланиту; св. Спиридон, будучи незлобив, по слову Господню, обратил ему и другую (Мф.5:39). Преп. Ефрем (Чет. Мин., января 28, в житии его), постясь в пустыне, лишен был учеником пищи таким образом: ученик, неся ему пищу, сокрушил на пути, нехотя, сосуд. Преподобный, увидев печального ученика, сказал к нему: «Не скорби, брате, аще бо не восхоте прийти к нам пища, то мы пойдем к ней», – и пошел, сел при сокрушенном сосуде и, собирая снедь, вкушал ее: так был он безгневен.

А как побеждать гнев, сие можно видеть из жития великого Паисия (Чет. Мин., июня 19, в житии его), который явившегося ему Господа Иисуса Христа просил, дабы Он освободил его от гнева; и рече ему Христос: *«Аще гнев и ярость купно победити хощеши, ничесоже возжелай, ни возненавиди кого, ни уничижи»* .

Дабы сохранить мир душевный, должно отдалять от себя уныние и стараться иметь дух радостный, а не печальный, по слову Сираха: *ибо печаль многих убила, а пользы в ней нет* (Сир.30:25).

Когда человек имеет большой недостаток в потребных для тела вещах, то трудно победить уныние. Но сие, конечно, к слабым душам относиться должно.

Для сохранения мира душевного также всячески должно избегать осуждения других. Неосуждением и молчанием сохраняется мир душевный: когда в таком устроении бывает человек, то получает Божественные откровения.

К сохранению душевного мира надобно чаще входить в себя и спрашивать: где я? При сем должно наблюдать, чтобы телесные чувства, особенно зрение, служили внутреннему человеку и не развлекали душу чувственными предметами, ибо благодатные дарования получают только те, кто имеют внутреннее делание и бдят о душах своих.

О ХРАНЕНИИ СЕРДЦА

Мы неусыпно должны хранить сердце свое от непристойных помыслов и впечатлений, по слову Приточника: *Больше всего хранимого храни сердце твое, потому что из него источники жизни* (Притч.4:23).

От бдительного хранения сердца рождается в нем чистота, для которой доступно видение Господа, по уверению вечной Истины: *Блаженны чистые сердцем, ибо они Бога узрят* (Мф.5:8).

Что втекло в сердце лучшего, того мы без надобности выливать не должны; ибо тогда только собранное может быть в безопасности от видимых и невидимых врагов, когда оно, как сокровище, хранится во внутренности сердца.

Сердце тогда только кипит, будучи возжигаемо огнем Божественным, когда в нем есть вода живая; когда же вся выльется, то оно хладеет, и человек замерзает.

О ПОМЫСЛАХ И ПЛОТСКИХ ДВИЖЕНИЯХ

Мы должны быть чисты от помыслов нечистых, особенно когда приносим молитву Богу, ибо несть согласия между смрадом и благовонием. Где бывают помыслы, там и сложение с ними. Итак, должно отражать первое нападение греховных помыслов и рассеивать их от земли сердца нашего. Пока дети вавилонские, т.е. помыслы злые, еще младенцы, должно разбивать и сокрушать их о камень, который есть Христос; особенно же три главные страсти — чревоугодие, сребролюбие и тщеславие, которыми старался диавол искушать даже Самого Господа нашего в конце подвига Его в пустыне.

Диавол, как лев, скрываясь *в потаенном месте* (Пс.9:30), тайно расставляет нам сети нечистых и нечестивых помыслов. Итак, немедленно, как только увидим, надобно расторгать их посредством благочестивого размышления и молитвы.

Требуется подвиг и великая бдительность, чтобы во время псалмопения ум наш согласовался с сердцем и устами, дабы в молитве нашей к фимиаму не примешивалось зловоние. Ибо Господь гнушается сердцем с нечистыми помыслами.

Будем непрестанно, день и ночь, со слезами повергать себя пред лицем благости Божией, да очистит Он сердца наши от всякого злого помышления, чтобы мы достойно могли проходить путь звания нашего и чистыми руками приносить Ему дары служения нашего.

Ежели мы не согласны со влагаемыми от диавола злыми помышлениями, то мы добро творим. Нечистый дух только на страстных имеет сильное влияние; а к очистившимся от страстей приражается только со стороны, или внешне.

Человеку в младых летах можно ли не гореть и не возмущаться от плотских помыслов? Но должно молиться Господу Богу, да потухнет искра порочных страстей при самом начале. Тогда не усилится в человеке пламень страстей.

О РАСПОЗНАВАНИИ ДЕЙСТВИЙ СЕРДЕЧНЫХ

Когда человек приимет что-либо Божественное, то сердце радуется; а когда диавольское, то смущается.

Сердце христианское, приняв что-либо Божественное, не требует еще другого со стороны убеждения в том, точно ли сие от Господа; но самым тем действием убеждается, что оно небесное: ибо ощущает в себе плоды духовные: *любовь, радость, мир, долготерпение, благость, милосердие, веру, кротость, воздержание* (Гал.5:22).

Напротив же, хотя бы диавол преобразился и во *Ангела света* (2Кор.11:14), или представлял мысли благовидные; однако сердце все чувствует какую-то неясность и волнение в мыслях. Что объясняя, св. Макарий Египетский говорит: «Хотя бы (сатана) и светлые видения представлял, благаго обаче действия подати отнюдь не возможет: чрез что и известный знак его дел бывает» (Слово 4, гл. 13).

Итак, из сих разнообразных действий сердечных может человек познать – что есть божественное и что диавольское, как о сем пишет св. Григорий Синаит: «От действа убо возможеши познати воссиявый свет в душе твоей, Божий ли есть или сатанин» (Добротолюбие, ч. 1. Григорий Синаит, О безмолвии).

О ПОКАЯНИИ

Желающему спастися всегда должно иметь сердце к покаянию расположенное и сокрушенное, по Псаломнику: *Жертва Богу – дух сокрушенный; сердца сокрушенного и смиренного Ты не презришь, Боже* (Пс.50:19). В каковом сокрушении духа человек удобно может безбедно проходить сквозь хитрые козни гордого диавола, коего все тщание состоит в том, чтобы возмутить дух человеческий и в возмущении посеять свои плевелы, по словеси Евангельскому: *Господин! не доброе ли семя сеял ты на поле твоем? Откуда же на нем плевелы? Он же сказал им: враг человек сделал это* (Мф.13:27–28).

Когда же человек старается в себе иметь сердце смиренное и мысль невозмущенную, но мирную, тогда все козни вражии бывают бездейственны, ибо где мир помыслов, там почивает Сам Господь Бог – *в мире место Его* (Пс.75:3).

Начало покаяния происходит от страха Божия и внимания, как говорит мученик Вонифатий (Четьи Минеи, декабря 19, в житии его): «Страх Божий отец есть внимания, а внимание – матерь внутреннего покоя, той бо раждает совесть, которая сие творит, да душа, якоже в некоей воде чистой и не возмущенной, свою зрит некрасоту, и тако раждаются начатки и корень покаяния».

Мы во всю жизнь свою грехопадениями своими оскорбляем величество Божие, а потому и должны всегда смиряться пред Ним, прося оставления долгов наших.

Можно ли облагодатствованному человеку по падении восстать?

Можно, по Псаломнику: *Сильно толкнули меня, чтобы я упал, но Господь поддержал меня* (Пс.117:13), ибо когда Нафан пророк обличил Давида во грехе его, то он, покаявшись, тут же получил прощение (2Цар.12:13).

К сему примером служит и пустынник оный, который, пошедши за водой, на источнике впал в грех с женою, и возвратясь в келью, осознав свое согрешение, паки начал провождать жизнь подвижническую, как и прежде, не вняв советам врага, представлявшего ему тяжесть греха и отводившего его от подвижнической жизни. О сем случае Бог открыл некоему отцу и велел впадшего в грех брата ублажить за таковую победу над диаволом.

Когда мы искренно каемся в грехах наших и обращаемся ко Господу нашему Иисусу Христу всем сердцем нашим, Он радуется нам, учреждает праздник и созывает на него любезные Ему силы, показывая им драхму, которую Он обрел паки, т.е. царский образ Свой и подобие. Возложив на рамена заблудшую овцу, Он приводит ее к Отцу Своему. В жилищах всех веселящихся Бог водворяет и душу покаявшегося вместе с теми, которые не отбегали от Него.

Итак, не вознерадим обращаться к благоутробному Владыке нашему скоро и не предадимся беспечности и отчаянию ради тяжких и бесчисленных грехов наших. Отчаяние есть совершеннейшая радость диаволу. Оно есть грех к смерти, как гласит Писание (1Ин.5:16).

Покаяние во грехе, между прочим, состоит в том, чтобы не делать его опять. Как всякой болезни есть врачевание, так и всякому греху есть покаяние. Итак, несомненно приступай к покаянию, и оно будет ходатайствовать за тебя пред Богом.

О МОЛИТВЕ

Истинно решившие служить Господу Богу должны упражняться в памяти Божией и непрестанной молитве ко Иисусу Христу, говоря умом: «Господи Иисусе Христе, Сыне Божий, помилуй мя грешнаго»; в часы же послеобеденные можно говорить сию молитву так: «Господи Иисусе Христе, Сыне Божий, молитвами Богородицы, помилуй мя грешного»; или же прибегать собственно к Пресвятой Богородице, молясь: «Пресвятая Богородице, спаси нас»; или говорить поздравление ангельское: «Богородице Дево, радуйся».

Таковым упражнением, при охранении себя от рассеяния и при соблюдении мира совести, можно приблизиться к Богу и соединиться с Ним. Ибо, по словам св. Исаака Сирина, кроме непрестанной молитвы, мы приблизиться к Богу не можем (Слово 69).

Образ молитвы весьма хорошо расположил св. Симеон Новый Богослов (Добротолюбие, ч. 1). Достоинство же оной очень хорошо изобразил св. Златоуст: «Велие, — говорит он, — есть оружие молитва, сокровище неоскудно, богатство никогда же иждиваемо, пристанище безволненно, тишины вина и тьмам благих корень, источник и мати есть» (Маргарит. Слово 5. О непостижимом).

В церкви на молитве стоять полезно с закрытыми очами во внутреннем внимании; открывать же очи разве тогда, когда унышь, или сон будет отягощать тебя и склонять к дреманию; тогда очи обращать должно на образ и на горящую пред ним свещу.

Если в молитве случится плениться умом в расхищение мыслей, тогда должно смириться пред Господом Богом и просить прощения, говоря: «Согреших, Господи, словом, делом, помышлением и всеми моими чувствы».

Посему всегда должно стараться, чтоб не предавать себя рассеянию мыслей, ибо чрез сие уклоняется душа от памяти Божией и любви Его по действию диавола, как св. Макарий говорит: «Все супостата нашего тщание сие есть да мысль нашу от памятования о Боге и страха и любви отвратит» (Слово 2, гл. 15).

Когда же ум и сердце будут соединены в молитве и помыслы души не рассеяны, тогда сердце согревается теплотою духовною, в которой воссияет свет Христов, исполняя мира и радости всего внутреннего человека.

О СЛЕЗАХ

Все святые и отрекшиеся мира иноки во всю жизнь свою плакали в чаянии вечного утешения, по уверению Спасителя мира: *Блаженны плачущие, ибо они утешатся* (Мф.5:4).

Так и мы должны плакать об оставлении грехов наших. К сему да убедят нас слова Порфироносного: *С плачем несущий семена возвратится с радостью, неся снопы свои* (Пс.125:6), и слова св. Исаака Сирина: «Омочи ланите твои плачем очию твоею, да почиет на тебе Святый Дух и омыет тя от скверны злобы твоея. Умилостиви Господа твоего слезами, да приидет к тебе» (Слово 68. Об отречении от мира).

Когда мы плачем в молитве и тут же вмешивается смех, то сие есть от диавольской хитрости. Трудно постичь врага нашего тайные и тонкие действия.

У кого текут слезы умиления, такового сердце озаряют лучи Солнца правды – Христа Бога.

О СВЕТЕ ХРИСТОВОМ

Дабы приять и узреть в сердце свет Христов, надобно, сколько можно, отвлечь себя от видимых предметов. Предочистив душу покаянием и добрыми делами и с верою в Распятого закрыв телесные очи, должно погрузить ум внутрь сердца и вопиять призыванием имени Господа нашего Иисуса Христа; и тогда, по мере усердия и горячести духа к Возлюбленному, находит человек в призываемом имени услаждение, которое возбуждает желание искать высшего просвещения.

Когда чрез таковое упражнение укоснит ум в сердце, тогда воссияет свет Христов, освещая храмину души своим Божественным сиянием, как говорит пророк Малахия: *Взойдет Солнце правды и исцеление в лучах Его* (Мал.4:2).

Сей свет есть купно и жизнь по евангельскому слову: *В Нем была жизнь, и жизнь была свет человеков* (Ин.1:4).

Когда человек созерцает внутренне свет вечный, тогда ум его бывает чист и не имеет в себе никаких чувственных представлений, но, весь будучи углублен в созерцание несозданной доброты, забывает все чувственное, не хочет зреть и себя; но желает скрыться в сердце земли, только бы не лишиться сего истинного блага – Бога.

О ВНИМАНИИ САМОМУ СЕБЕ

Путь внимания проходящий не должен только одному сердцу своему верить, но должен сердечные свои действия и жизнь свою поверять с законом Божиим и с деятельною жизнью подвижников благочестия, которые таковый подвиг проходили. Сим средством удобнее можно и от лукавого избавиться, и истину яснее узреть.

Ум внимательного человека есть как бы поставленный страж, или неусыпный охранитель внутреннего Иерусалима. Стоя на высоте духовного созерцания, он смотрит оком чистоты на обходящие и приражающиеся к душе его противные силы, по Псаломнику: *и на врагов моих смотрело око мое* (Пс.53:9).

От ока его не скрыт диавол, как рыкающий лев, ища, кого поглотить *(1Пет.5:8), и те, которые напрягают лук свой,* чтобы во тьме стрелять в правых сердцем *(Пс.10:2).*

А потому таковый человек, следуя учению Божественного Павла, принимает *всеоружие Божие, дабы вы могли противостать в день злый* (Еф.6:13), и сими оружиями, содействующей благодати Божией, отражает видимые приражения и побеждает невидимых ратников.

Проходящий путь сей не должен внимать посторонним слухам, от которых голова может быть наполнена праздными и суетными помыслами и воспоминаниями, но должен быть внимателен к себе.

Особенно на сем пути наблюдать должно, чтоб не обращаться на чужие дела, не мыслить и не говорить о них, по Псаломнику: *не возглаголют уста моя дел человеческих* (Пс.16:4), а молить Господа: *От тайных моих очисти меня, и от умышленных удержи раба Твоего* (Пс.18:13–14).

Человек должен обращать внимание на начало и конец жизни своей, к средине же, где случается счастье или несчастье, должен быть равнодушен. Чтоб сохранить внимание, надобно уединяться в себя, по глаголу Господню: *никого на дороге не приветствуйте* (Лк.10:4), т.е. без нужды не говорить, разве бежит кто за тобою, чтоб услышать от тебя полезное.

О СТРАХЕ БОЖИЕМ

Человек, принявший на себя проходить путь внутреннего внимания, прежде всего должен иметь страх Божий, который есть начало премудрости.

В уме его всегда должны быть напечатлены сии пророческие слова: *Служите Господу со страхом, и радуйтесь [пред Ним] с трепетом* (Пс.2:11).

Он должен проходить путь сей с крайней осторожностью и благоговением ко всему священному, а не небрежно. В противном случае опасаться должно, чтоб не отнеслось к нему сие Божие определение: *Проклят, кто дело Господне делает небрежно* (Иер.48:10).

Благоговейная осторожность здесь нужна для того, чтобы *сие море, великое и пространное: там пресмыкающиеся, которым нет числа* (Пс.103:25), т.е. многие помыслы суетные, неправые и нечистые, порождения злых духов, т.е. сердце со своими помыслами и желаниями, которые должно очищать посредством внимания.

Бойся Бога, — говорит Премудрый, — *и заповеди Его соблюдай* (Еккл.12:13). А соблюдая заповеди, ты будешь силен во всяком деле, и дело твое будет всегда хорошо. Ибо, боясь Бога, ты из любви к Нему все делать будешь хорошо. А диавола не бойся; кто боится Бога, тот одолеет диавола: для того диавол бессилен.

Два вида страха: если не хочешь делать зла, то бойся Господа и не делай; а если хочешь делать добро, то бойся Господа и делай.

Но никто не может стяжать страха Божия, доколе не освободится от всех забот житейских. Когда ум будет беспопечителен, тогда движет его страх Божий и влечет к любви благости Божией.

ОБ ОТРЕЧЕНИИ ОТ МИРА

Страх Божий приобретается тогда, когда человек, отрекшись от мира и от всего, что в мире, сосредоточит все свои мысли и чувства в одном представлении о законе Божьем и весь погрузится в созерцание Бога и в чувство обещанного святым блаженства.

Нельзя отречься от мира и прийти в состояние духовного созерцания, оставаясь в мире. Ибо доколе страсти не утишатся, нельзя стяжать мира душевного. Но страсти не утишатся, доколе нас окружают предметы, возбуждающие страсти. Чтобы прийти в совершенное бесстрастие и достигнуть совершенного безмолвия души, нужно много подвизаться в духовном размышлении и молитве. Но как возможно всецело и спокойно погружаться в созерцание Бога и поучаться в законе Его, и всею душою возноситься к Нему в пламенной молитве, оставаясь среди неумолчного шума страстей, воюющих в мире? Мир во зле лежит.

Не освободясь от мира, душа не может любить Бога искренно. Ибо житейское, по словам преп. Антиоха, для нее есть как бы покрывало.

«Если мы, – говорит тот же учитель, – живем в чужом граде и наш град далеко от града сего, и если мы знаем град наш: то для чего мы медлим в чужом граде и в нем уготовляем себе поля и жилища? *Как нам петь песнь Господню на земле чужой?* (Пс.136:4) Мир сей есть область иного, т.е. князя века сего» (Сл. 15).

О ЖИЗНИ ДЕЯТЕЛЬНОЙ И УМОЗРИТЕЛЬНОЙ

Человек состоит из тела и души, а потому и путь жизни его должен состоять из действий телесных и душевных — из деяния и умосозерцания.

Путь деятельной жизни составляют: пост, воздержание, бдение, коленопреклонение, молитва и прочие телесные подвиги, составляющие тесный путь и прискорбный, который, по слову Божию, вводит в жизнь вечную. Путь умосозерцательной жизни состоит в возношении ума ко Господу Богу, в сердечном внимании, умной молитве и созерцании чрез таковые упражнения вещей духовных.

Всякому, желающему проходить жизнь духовную, должно начинать от деятельной жизни, а потом уже приходить и в умосозерцательную: ибо без деятельной жизни в умосозерцательную прийти невозможно.

Деятельная жизнь служит к очищению нас от греховных страстей и возводит нас на степень деятельного совершенства; а тем самым пролагает нам путь к умосозерцательной жизни. Ибо одни токмо очистившиеся от страстей и совершенные к оной жизни приступать могут, как сие видеть можно из слов Священного Писания: *Блаженны чистые сердцем, ибо они Бога узрят* (Мф.5:8) и из слов св. Григория Богослова: «К созерцанию безопасно могут приступать только совершеннейшие по своей опытности» (Слово на святую Пасху).

К умозрительной жизни приступать должно со страхом и трепетом, с сокрушением сердца и смирением, со многим испытанием святых Писаний и, если можно найти, под руководством какого-либо искусного старца, а не с дерзостью и самочинием: «Дерзый бо и презорливый, – по словам Григория Синаита, – паче достоинства своего взыскав с кичением, понуждается до того прежде времени доспети. – И паки: аще мечтается кто мнением высокая достигнути, желание сатанино, а не истину стяжав, – сего диавол своими мрежами удобь уловляет, яко своего слугу» (О прелести и о иных многих предлогах. Добротолюбие, ч. 1).

Если же не можно найти наставника, могущего руководствовать к умосозерцательной жизни, то в таком случае должно руководствоваться Священным Писанием, ибо Сам Господь повелевает нам учиться от Священного Писания, глаголя: *Исследуйте Писания, ибо вы думаете чрез них иметь жизнь вечную* (Ин.5:39).

Так же должно тщиться прочитывать отеческие писания и стараться, сколько можно, по силе исполнять то, чему научают оные, и таким образом мало-помалу от деятельной жизни восходить к совершенству умосозерцательной.

Ибо, по словам св. Григория Богослова, самое лучшее дело, когда мы каждый сам собою достигаем совершенства и приносим призывающему нас Богу жертву живую, святую и всегда во всем освящаемую (Слово на святую Пасху).

Не должно оставлять деятельную жизнь и тогда, когда бы в ней человек имел преуспеяние и пришел бы уже в умосозерцательную: ибо она содействует умосозерцательной жизни и ее возвышает.

Проходя путь внутренней и умосозерцательной жизни, не должно ослабевать и оставлять оного потому, что люди, прилепившиеся ко внешности и чувственности, поражают нас противностью своих мнений в самое чувство сердечное, и всячески стараются отвлечь нас от прохождения внутреннего пути, поставляя нам на оном различные препятствия: ибо, по мнению учителей церковных (Блаж. Феодорита «Толкование на Песнь песней»), умосозерцание вещей духовных предпочитается познанию вещей чувственных. А потому никакими противностями в прохождении сего пути колебаться не должно, утверждаться в сем случае на слове Божием: *не бойтесь того, чего он боится, и не страшитесь. Господа Саваофа – Его чтите свято, и Он – страх ваш* (Ис.8:12–13).

ОБ УЕДИНЕНИИ И МОЛЧАНИИ

Паче всего должно украшать себя молчанием; ибо Амвросий Медиоланский говорит: «Молчанием многих видел я спасающихся, многоглаголанием же ни одного». И паки некто из отцов говорит: «Молчание есть таинство будущего века, словеса же орудие суть мира сего» (Добротолюбие, ч. 2, гл. 16).

Ты только сиди в келье своей во внимании и молчании и всеми мерами старайся приблизить себя ко Господу, а Господь готов сделать тебя из человека ангелом: *На кого Я призрю*, – говорит Он, – *на смиренного и сокрушенного духом и на трепещущего пред словом* (Ис.66:2).

Когда мы в молчании пребываем, тогда враг-диавол ничего не успевает относительно к потаенному сердца человеку, сие же должно разуметь о молчании в разуме.

Проходящий таковый подвиг должен все упование свое возложить на Господа Бога, по учению апостола: *Все заботы ваши возложите на Него, ибо Он печется о вас* (1Пет.5:7). Оный должен быть постоянен в сем подвиге, последуя в сем случае примеру св. Иоанна молчальника и пустынника (Четьи Минеи, дек. 3, в житии его), который в прохождении пути сего утверждался сими Божественными словами: *не оставлю тебя и не покину тебя* (Евр.13:5).

Ежели не всегда можно пребывать в уединении и молчании, живя в монастыре и занимаясь возложенными от настоятеля послушаниями, то хотя некоторое время, остающееся от послушания, должно посвящать на уединение и молчание, и за сие малое не оставит Господь Бог ниспослать на тебя богатую Свою милость.

От уединения и молчания рождаются умиление и кротость; действие сей последней в сердце человеческом можно уподобить тихой воде Силоамской, которая течет без шума и звука, как говорит о ней пророк Исаия: *водами Силоама, текущими тихо* (Ис.8:6).

Пребывание в келье в молчании, упражнении, молитве и поучении день и нощь закону Божию делает человека благочестивым: ибо, по словам св. отцов, келья инока есть «пещь Вавилонская, в нейже трие отроцы Сына Божия обретоша» (Добротолюбие, ч. 3. Петр Дамаскин, кн. 1).

Монах, по словам Ефрема Сирина, не останется долго на одном месте, если не возлюбит прежде молчания и воздержания. Ибо молчание учит безмолвию и постоянной молитве, а воздержание делает помысл неразвлекаемым. Наконец, приобретшего сие ожидает мирное состояние (т. 2).

О МНОГОСЛОВИИ

Одного многословия с теми, кто противных с нами нравов, довольно расстроить внутренность внимательного человека.

Но всего жалостнее то, что от сего может погаснуть тот огонь, который Господь наш Иисус Христос пришел воврещи на землю сердец человеческих: ибо ничтоже тако устужает огнь, от Святаго Духа вдыхаемый в сердце инока к освящению души, якоже сообращение и многословие, и собеседование (Исаак Сирин. Слово 8).

Особенно же должно хранить себя от обращения с женским полом: ибо, как восковая свеча, хотя и не зажженная, но поставленная между возженными, растаевает, так и сердце инока от собеседования с женским полом неприметно расслабевает, о чем и св. Исидор Пелусиот говорит так: «Аще (глаголющу писанию) такие беседы злые тлят обычаи благи: то беседа с женами, аще и добра будет, обаче сильна есть растлити внутреннего человека тайно помыслы скверными, и чисту сущу телу, пребудет душа осквернена: что бо тверд ее есть камене, что же воды мягчае, обаче всегдашнее прилежание и естество побеждает; аще убо естество, едва подвижимое, подвизается, и от тоя вещи, юже имать ни во чтоже, страждет и умаляется, то како воля человеческая, яже есть удобь колеблема, от обыкновения долгого не будет побеждена и превращена» (Исидор Пелусиот. Письмо 284; Четьи Минеи, февр. 4, в житии его).

А потому для сохранения внутреннего человека надобно стараться удерживать язык от многословия: *но разумный человек молчит* (Притч.11:12), и *кто хранит уста свои, тот бережет душу свою* (Притч.13:3).

Не выслушав прежде от кого-либо о каком-либо предмете, отвечать не должно: *иже (бо) отвещает слово прежде слышания, безумие ему есть и поношение* (Притч.18:13).

О БЕЗМОЛВИИ

Преп. Варсонофий учит: «Доколе корабль на море, терпит беды и приражения ветров, а когда достигнет пристанища тихого и мирного, уже не боится бед и скорбей и приражения ветров, но остается в тиши. Так и ты, монах, доколе остаешься с людьми, ожидай скорбей и бед, и приражения мысленных ветров; а когда вступишь в безмолвие, бояться тебе нечего» (Варсануфий Вел. и Иоанн. Отв. 8, 9).

«Совершенное безмолвие есть крест, на котором должен человек распять себя со всеми страстьми и похотьми. Но подумай, Владыка наш Христос сколько наперед претерпел поношений и оскорблений, и потом уже восшел на крест. Так и нам нельзя прийти в совершенное безмолвие и надеяться святого совершенства, если не постраждем со Христом. Ибо говорит Апостол: аще с Ним страждем, с Ним и прославимся. Другого пути нет» (Варсануфий Вел. Отв. 342).

Пришедший в безмолвие должен непрестанно помнить, зачем пришел, чтобы не уклонилось сердце его к чему-либо другому.

О ПОСТЕ

Подвигоположник и Спаситель наш Господь Иисус Христос пред выступлением на подвиг искупления рода человеческого укрепил Себя продолжительным постом. И все подвижники, начиная работать Господу, вооружали себя постом и не иначе вступали на путь крестный, как в подвиге поста. Самые успехи в подвижничестве измеряли они успехами в посте.

Пост состоит не в том только, чтобы есть редко, но в том, чтобы есть мало; и не в том, чтобы есть однажды, но в том, чтобы не есть много. Неразумен тот постник, который дожидается определенного часа, а в час трапезы весь предается ненасытному вкушению и телом, и умом. В рассуждении пищи должно наблюдать и то, чтобы не разбирать между снедями вкусными и невкусными. Это дело, свойственное животным, в разумном человеке недостойно похвал. Отказываемся же мы от приятной пищи для того, чтобы усмирить воюющие члены плоти и дать свободу действиям духа.

Истинный пост состоит не в одном изнурении плоти, но и в том, чтобы ту часть хлеба, которую ты сам хотел бы съесть, отдать алчущему.

К строгому посту святые люди приступали не вдруг, делаясь постепенно и мало-помалу способными довольствоваться самою скудною пищею. Преп. Дорофей, приучая ученика своего Досифея к посту, постепенно отнимал от стола его по малой части, так что от четырех фунтов меру его ежедневной пищи низвел, наконец, до восьми лотов хлеба.

При всем том святые постники, к удивлению других, не знали расслабления, но всегда были бодры, сильны и готовы к делу. Болезни между ними были редки, и жизнь их текла чрезвычайно продолжительно.

В той мере, как плоть постящегося становится тонкою и легкою, духовная жизнь приходит в совершенство и открывает себя чудными явлениями. Тогда дух совершает свои действия как бы в бестелесном теле. Внешние чувства точно закрываются, и ум, отрешась от земли, возносится к небу и всецело погружается в созерцание мира духовного.

Однако ж, чтобы наложить на себя строгое правило воздержания во всем или лишить себя всего, что может служить к облегчению немощей, сие вместить не всякий может. *Кто может вместить, да вместит* (Мф.19:12).

Пищи употреблять должно каждый день столько, чтоб тело, укрепясь, было другом и помощником душе в совершении добродетели; а иначе может быть то, что, изнемогшу телу, и душа ослабеет.

По пятницам и средам, особенно же в четыре поста, пищу, по примеру отцов, употребляй один раз в день, и Ангел Господень прилепится к тебе.

О ПОДВИГАХ

Не должно предпринимать подвигов сверх меры, а стараться, чтобы друг – плоть наша – был верен и способен к творению добродетелей.

Надобно идти средним путем, *не уклоняясь ни направо, ни налево* (Притч.4:27); духу давать духовное, а телу – телесное, потребное для поддержания временной жизни. Не должно также и общественной жизни отказывать в том, чего она законно требует от нас, по словам Писания: *отдавайте кесарево кесарю, а Божие Богу* (Мф.22:21).

Должно снисходить душе своей в ее немощах и несовершенствах и терпеть свои недостатки, как терпим недостатки ближних, но не обленяться и непрестанно побуждать себя к лучшему.

Употребил ли ты пищи много, или что другое подобное сему, сродное слабости человеческой сделал, не возмущайся сим, не прибавляй вреда ко вреду; но, мужественно подвигнув себя к исправлению, старайся сохранить мир душевный, по слову апостола: *Блажен, кто не осуждает себя в том, что избирает* (Рим.14:22).

Тело, изможденное подвигами или болезнями, должно подкреплять умеренным сном, пищею и питием, не наблюдая даже и времени. Иисус Христос, по воскрешении дочери Иаировой от смерти, тут же велел *дать ей есть* (Лк.8:55).

Если самовольно изнурим свое тело до того, что изнурится и дух, то таковое удручение будет безрассудное, хотя бы сие делалось для снискания добродетели.

Лет до тридцати пяти, т.е. до преполовения земной жизни, велик подвиг бывает человеку в сохранении себя, и многие в сии лета не устаивают в добродетели, но совращаются с правого пути к собственным пожеланиям, как о сем св. Василий Великий свидетельствует (в беседе на начало книги Притчей): «Многие много собрали в юности, но посреде жития бывши, восставшим на них искушениям от духов лукавствия, не стерпели волнения, и всего того лишились. А потому, чтоб не испытать такого превращения, надобно поставить себя как бы на мериле испытания и внимательного за собою наблюдения, по учению св. Исаака Сирина: якоже на мериле приличествует извести коемуждо жительство свое» (Слово 40).

Всякий успех в чем-либо мы должны относить ко Господу и с пророком говорить: *Не нам, Господи, не нам, но имени Твоему дай славу* (Пс.113:9).

О БОДРСТВОВАНИИ ПРОТИВ ИСКУШЕНИЙ

Мы всегда должны быть внимательны к нападениям диавола: ибо можем ли надеяться, чтоб он оставил нас без искушения, когда не оставил Самого Подвигоположника нашего и Начальника веры и Совершителя Господа Иисуса Христа? Сам Господь апостолу Петру сказал: *Симон! Симон! се, сатана просил, чтобы сеять вас как пшеницу* (Лк.22:31).

Итак, мы должны всегда во смирении призывать Господа и молить, да не попустит на нас быти искушению выше силы нашея, но да избавит нас от лукавого.

Ибо когда Господь оставит человека самому себе, тогда диавол готов стереть его, яко мельничный жернов пшеничное зерно.

О ПЕЧАЛИ

Когда злой дух печали овладеет душою, тогда, наполнив ее горестью и неприятностью, не дает ей совершать молитву с должным усердием, мешает заниматься чтением Писаний с надлежащим вниманием, лишает ее кротости и благодушия в обращении с братьями и рождает отвращение от всякого собеседования. Ибо душа, исполненная печали, делаясь как бы безумною и исступленною, не может спокойно ни принимать благого совета, ни кротко отвечать на предлагаемые вопросы. Она убегает людей, как виновников ее смущения, и не понимает, что причина болезни внутри нее. Печаль есть червь сердца, грызущий рождающую его мать.

Печальный монах не движет ума к созерцанию и никогда не может совершать чистой молитвы.

Кто победил страсти, тот победил и печаль. А побежденный страстями не избежит оков печали. Как больной виден по цвету лица, так обладаемый страстью обличается от печали.

Кто любит мир, тому невозможно не печалиться. А презревший мир всегда весел.

«Как огонь очищает золото, так печаль по Бозе очищает греховное сердце» (Антоний Вел. Слово 25).

О СКУКЕ И УНЫНИИ

С духом печали неразлучно действует и скука. Она, по замечанию отцов, нападает на монаха около полудня и производит в нем такое страшное беспокойство, что несносны ему становятся и место жительства, и живущие с ним братья, а при чтении возбуждается какое-то отвращение, и частая зевота, и сильная алчба. По насыщении чрева демон скуки внушает монаху помыслы выйти из кельи и с кем-нибудь поговорить, представляя, что не иначе можно избавиться от скуки, как непрестанно беседуя с другими. И монах, одолеваемый скукою, подобен пустынному хворосту, который то немного остановится, то опять несется по ветру. Он, как безводное облако, гонимое ветром.

Сей демон, если не может извлечь монаха из кельи, то начинает развлекать ум его во время молитвы и чтения. Это, говорит ему помысл, лежит не так, а это не тут, надобно привести в порядок, и это все делает для того, чтобы ум сделать праздным и бесплодным.

«Болезнь сия врачуется молитвою, воздержанием от празднословия, посильным рукоделием, чтением слова Божия и терпением; потому что и рождается она от малодушия и праздности, и празднословия» (Антоний Вел. Слово 26; Исаак Сирин. Слово 212).

Трудно избежать ее начинающему жизнь монашескую, ибо она первая нападает на него. Потому прежде всего и должно остерегаться ее посредством строгого и беспрекословного исполнения всех возлагаемых на послушника обязанностей. Когда занятия твои придут в настоящий порядок, тогда скука не найдет места в сердце твоем. Скучают только те, у кого дела не в порядке. Итак, послушание есть лучшее врачевство против сей опасной болезни.

Когда одолевает тебя скука, то говори себе, по наставлению преп. Исаака Сирина: «Ты опять желаешь нечистоты и постыдной жизни. – И если помысл скажет тебе: Великий грех убивать себя,– ты скажи ему: Убиваю себя, потому что не могу жить нечисто. Умру здесь, чтобы не увидеть истинной смерти – души моей в отношении к Богу. Лучше мне умереть здесь за чистоту, нежели жить в мире жизнью злою. Я предпочел смерть сию грехам моим. Убью себя, потому что я согрешил Господу и не буду более прогневлять его. Что мне жить в удалении от Бога? Озлобления сии стерплю, чтобы не лишиться небесной надежды. Что Богу в моей жизни, если я буду жить худо и прогневлять Его?» (Сл. 22).

Иное – скука, а иное – томление духа, называемое унынием. Бывает иногда человек в таком состоянии духа, что, кажется, легче ему было бы уничтожиться или быть без всякого чувства и сознания, нежели долее оставаться в этом безотчетно-мучительном состоянии. Надобно спешить выйти из него. «Блюдись от духа уныния, ибо от него рождается всякое зло» (Варсануфий Вел. Отв. 73, 500).

«Есть уныние естественное, – учит св. Варсонофий, – от бессилия, и есть уныние от беса. Хочешь ли знать это? Испытай так: бесовское приходит прежде того времени, в которое должно дать себе отдохновение. Ибо когда кто предположит себе сделать что-нибудь, оно прежде, нежели исполнена будет треть или четверть дела, нудит его оставить дело и встать. Тогда не надобно слушать его, но надобно сотворить молитву и сидеть за делом с терпением.

И враг, видя, что он поэтому творит молитву, удаляется, потому что не хочет давать повода к молитве» (Варе. Отв. 562–565).

«Когда Богу угодно, – говорит св. Исаак Сирин, – повергнув человека в большие скорби, попускает ему впасть в руки малодушия. Оно рождает в нем крепкую силу уныния, в котором он испытывает душевную тесноту, и это есть предвкушение геенны; вследствие же сего находит дух исступления, от которого происходят тысячи искушений: смущение, ярость, хула, жалоба на свою участь, развращенные помыслы, переселение из места в место и тому подобное. Если спросишь: какая сему причина? то скажу: твое нерадение, потому что ты не позаботился поискать уврачевания их. Ибо врачевание для всего этого одно, при помощи которого человек скоро находит утешение в душе своей. И что же это за врачевство? Смиренномудрие сердца. Ничем, кроме него, человек не может разрушить оплот сих пороков, а напротив того находит, что сии превозмогают над ним» (Исаак Сирин. Слово 79).

Уныние у св. отцов иногда называется праздностью, леностью и разленением.

ОБ ОТЧАЯНИИ

Как Господь печется о нашем спасении, так человекоубийца – диавол – старается привести человека в отчаяние.

Отчаяние, по учению св. Иоанна Лествичника, рождается или от сознания множества грехов, отчаяния совести и несносной печали, когда душа, множеством язв покрытая, от невыносимой их боли погружается во глубину отчаяния, или от гордости и надмения, когда кто почитает себя не заслуживающим того греха, в который впал. Первого рода отчаяние влечет человека во все пороки без разбора, а при отчаянии второго рода человек держится еще своего подвига, что, по словам св. Иоанна Лествичника, и не совместно разуму. Первое врачуется воздержанием и благою надеждою, а второе – смирением и неосуждением ближнего (Лествица. Степ. 26).

Душа высокая и твердая не отчаивается при несчастьях, каких бы то ни было. Иуда предатель был малодушен и неискусен в брани, и потому враг, видя его отчаяние, напал на него и принудил его удавиться; но Петр – твердый камень, когда впал в великий грех, как искусный в брани, не отчаялся и не потерял духа, но пролил горькие слезы от горячего сердца, и враг, увидя их, как огнем палимый в глаза, далеко убежал от него с болезненным воплем.

Итак, братья, учит преп. Антиох, когда отчаяние будет нападать на нас, не покоримся ему, но, «укрепляясь и ограждаясь светом веры, с великим мужеством скажем лукавому духу: что нам и тебе, отчужденный от Бога, беглец с небес и раб лукавый? Ты не смеешь сделать нам ничего.

Христос, Сын Божий, власть имеет и над нами, и над всем. Ему согрешили мы. Ему и оправдаемся. А ты, пагубный, удались от нас. Укрепляемые честным Его крестом, мы попираем твою змииную главу» (Антоний Вел. Слово 27).

О БОЛЕЗНЯХ

Тело есть раб души, душа – царица, а потому сие есть милосердие Господне, когда тело изнуряется болезнями; ибо от сего ослабевают страсти, и человек приходит в себя; и самая болезнь телесная рождается иногда от страстей.

Отними грех, и болезней не будет; ибо они бывают в нас от греха, как сие утверждает св. Василий Великий: «Откуда недуги? Откуда повреждения телесные? Господь создал тело, а не недуг; душу, а не грех. Что же паче всего полезно и нужно? Соединение с Богом и общение с Ним посредством любви. Теряя любовь сию, мы отпадаем от Него, а отпадая, подвергаемся различным и многообразным недугам» (Слово о том, что Бог не есть причина зол).

Кто переносит болезнь с терпением и благодарением, тому вменяется она вместо подвига или даже более.

Один старец, страдавший водяною болезнью, говорил братьям, которые приходили к нему с желанием лечить его: «Отцы, молитесь, чтобы не подвергся подобной болезни мой внутренний человек; а что касается до настоящей болезни, то я прошу Бога о том, чтобы Он не вдруг освободил меня от нее, ибо поскольку *внешний наш человек и тлеет, то внутренний со дня на день обновляется* (2Кор.4:16)".

Будет Господу Богу угодно, чтобы человек испытал на себе болезни, то Он же подаст ему и силу терпения. Итак, пусть будут болезни не от нас самих, но от Бога.

О ДОЛЖНОСТЯХ И ЛЮБВИ К БЛИЖНИМ

С ближними надобно обходиться ласково, не делая даже и видов оскорбления.

Когда мы отвращаемся от человека или оскорбляем его, тогда на сердце нашем как бы камень ложится.

Дух смущенного или унывающего человека надобно стараться ободрить словом любви.

«Брату грешащу, покрой его, – советует св. Исаак Сирин, – простри ризу твою над согрешающим и покрой его. Мы все милости Божией требуем, как Церковь поет: аще не Господь бы был в нас, кто доволен цел сохранен быти от врага, купно же и человекоубийцы» (Сл. 89).

Мы в отношении к ближним должны быть, как словом, так и мыслью, чисты и ко всем равны; иначе жизнь нашу сделаем бесполезною. Мы должны любить ближнего не менее, как самих себя, по заповеди Господней: *возлюби... ближнего твоего, как самого себя* (Лк.10:27). Но не так, чтоб любовь к ближним, выходя из границ умеренности, отвлекала нас от исполнения первой и главной заповеди, т.е. любви к Богу, как о сем поучает Господь наш Иисус Христос: *Кто любит отца или мать более, нежели Меня, не достоин Меня; и кто любит сына или дочь более, нежели Меня, не достоин Меня* (Мф.10:37). О сем предмете весьма хорошо рассуждает св. Димитрий Ростовский: «Там видна неправдивая к Богу в христианском человеке любовь, где тварь со Творцом сравнивается, или более тварь, нежели Творец почитается; а там видна правдивая любовь, где один Создатель паче всего создания любится и предпочитается» (ч. 2, поуч. 2).

О НЕОСУЖДЕНИИ БЛИЖНЕГО

Не должно судить никого, хотя бы собственными очами видел кого согрешающим или коснеющим в преступлении заповедей Божиих, по слову Божию: *Не судите, да не судимы будете* (Мф.7:1), и паки: *Кто ты, осуждающий чужого раба? Перед своим Господом стоит он, или падает. И будет восставлен, ибо силен Бог восставить его* (Рим.14:4).

Гораздо лучше всегда приводить себе на память сии апостольские слова: *Посему, кто думает, что он стоит, берегись, чтобы не упасть* (1Кор.10:12). Ибо неизвестно, сколько времени мы можем в добродетели пребывать, как говорит пророк, опытом сие дознавший: *И я говорил в благоденствии моем: не поколеблюсь вовек... Ты сокрыл лице Твое, и я смутился* (Пс.29:7–8).

Отчего мы осуждаем братий своих? Оттого, что не стараемся познать самих себя. Кто занят познанием самого себя, тому некогда замечать за другими. Осуждай себя – и перестанешь осуждать других.

Самих себя должно нам считать грешнейшими всех и всякое дурное дело прощать ближнему, а ненавидеть только диавола, который прельстил его. Случается же, что нам кажется, другой делает худо, а в самом деле, по благому намерению делающего, это хорошо. Притом дверь покаяния всем отверзта, и неизвестно, кто прежде войдет в нее: ты ли, осуждающий, или осуждаемый тобою.

«Осуждай дурное дело, а самого делающего не осуждай. Если осуждаешь ближнего, – учит преп. Антиох, – то вместе с ним и ты осуждаешься в том же, в чем его осуждаешь.

Судить или осуждать не нам надлежит, но единому Богу и Великому Судье, ведущему сердца наши и сокровенные страсти естества» (Антоний Вел. Слово 49). Чтоб избавиться осуждения, должно внимать себе, ни от кого не принимать посторонних мыслей и быть ко всему мертву.

Итак, возлюбленные, не будем наблюдать за чужими грехами и осуждать других, чтобы не услышать: *среди сынов человеческих, у которых зубы – копья и стрелы, и у которых язык – острый меч* (Пс.56:5).

О ПРОЩЕНИИ ОБИД

За обиду, какая бы ни нанесена была, не только не должно отмщать, но, напротив того, должно еще прощать обидчика от сердца, хотя бы оно и противилось сему, и склонять его убеждением слова Божия: *Если не будете прощать людям согрешения их, то и Отец ваш не простит вам согрешений ваших* (Мф.6:15), и паки: *молитесь за обижающих вас и гонящих вас* (Мф.5:44).

Не должно питать в сердце злобы или ненависти к ближнему враждующему, но должно любить его и, сколько можно, творить ему добро, следуя учению Господа нашего Иисуса Христа: *любите врагов ваших, благословляйте проклинающих вас* (Мф.5:44).

Когда твою честь кто уничижает или отнимает, то всеми мерами старайся, чтоб простить ему, по слову Евангелия: *от взявшего твое не требуй назад* (Лк.6:30).

Бог заповедал нам вражду только против змия, т.е. против того, кто изначала обольстил человека и изгнал из рая, – против человекоубийцы-диавола. Повелено нам враждовать и против мадианитян, т.е. против нечистых духов блуда и студодеяния, которые сеют в сердце нечистые и скверные помыслы.

Поревнуем возлюбленным Божиим; поревнуем кротости Давида, о котором преблагий и любоблагий Господь сказал: *Нашел Я мужа по сердцу моему, который исполнит все хотения Мои*. Так Он говорит о Давиде, незлопамятном и добром ко врагам своим. И мы не будем делать ничего в отмщение брату нашему, дабы, как говорит преп. Антиох, не было остановки во время молитвы.

Об Иове свидетельствовал Бог как о человеке незлобивом (Иов.2:3); Иосиф не мстил братьям, которые умыслили на него зло; Авель в простоте и без подозрения пошел с братом своим Каином. По свидетельству слова Божия, святые все жили в незлобии. Иеремия, беседуя с Богом (Иер.18:20), говорит о гнавшем его Израиле: *Еда воздаются злая за благая?.. Помяни стоявшаго мя пред Тобою, еже глаголати за них благая* (Антоний Вел. Слово 52).

Итак, если мы будем, сколько есть сил, стараться все сие исполнять, то можем надеяться, что в сердцах наших воссияет свет Божественный, озаряющий нам путь к горнему Иерусалиму.

О ТЕРПЕНИИ И СМИРЕНИИ

Надобно всегда терпеть все, что бы ни случилось, Бога ради, с благодарностью. Наша жизнь – одна минута в сравнении с вечностью; и потому, по апостолу, *временные страдания ничего не стоят в сравнении с тою славою, которая откроется в нас* (Рим.8:18).

Оскорбления от других переносить должно равнодушно и приобучаться к такому расположению духа, как бы их оскорбления не до нас, а до других касались. В молчании переноси, когда оскорбляет тебя враг, и единому Господу открывай тогда свое сердце. Когда люди поносят нас, мы должны считать себя недостойными похвалы. Ежели бы были достойны, то все кланялись бы нам.

Мы всегда и пред всеми должны уничижать себя, следуя учению св. Исаака Сирина: «Уничижи себе, и узришь славу Божию в себе» (Слово 57).

Без света все мрачно, так и без смирения ничего нет в человеке, как только одна тьма. Посему возлюбим смирение и узрим славу Божию; идеже бо истекает смирение, тамо слава Божия источается.

Как воск не разогретый и не размягченный не может принять налагаемой на него печати, так и душа, не искушенная трудами и немощами, не может принять на себя печати добродетели Божией. Когда диавол оставил Господа, тогда *приступили Ангелы и служили Ему* (Мф.4:11). Так, если во время искушений несколько отходят от нас Ангелы Божии, то недалеко, и скоро приступают, и служат нам Божественными помышлениями, умилением, услаждением, терпением. Душа, потрудившись, стяжевает и прочие совершенства. Посему св. пророк Исаия говорит: *Надеющиеся на Господа обновятся в силе: поднимут крылья, как орлы, потекут – и не устанут, пойдут – и не утомятся* (Ис.40:31).

Так терпел и кротчайший Давид: ибо, когда Семей поносил его и метал на него камни, говоря: *уходи, уходи, убийца и беззаконник, изыди, мужу беззаконный,* – он не сердился; и когда Авесса, вознегодовав на сие, сказал ему: *Зачем злословит этот мертвый пес господина моего царя?* – он запретил ему, говоря: *[Оставьте его,] пусть он злословит,* ибо Господь увидит и воздаст мне благое (2Цар.16:7–12). Почему после и воспел: *Твердо уповал я на Господа, и Он приклонился ко мне и услышал вопль мой* (Пс.39:2).

Как чадолюбивый отец, когда видит, что сын его живет беспорядочно, наказывает его; а когда увидит, что он малодушен и наказание свое сносит с трудом, тогда утешает: так поступает с нами и благий Господь и Отец наш, употребляя все для нашей пользы, как утешения, так и наказания, по Своему человеколюбию, и потому мы, находясь в скорбях, как дети благопокорливые, должны благодарить Бога. Ибо если станем благодарить Его только в благополучии, то подобны будем неблагодарным иудеям, которые, насытившись чудной трапезы в пустыне, говорили, что Христос воистину есть пророк, хотели взять Его и сделать царем, а когда Он сказал им: *Старайтесь не о пище тленной, но о пище, пребывающей в жизнь вечную,* тогда говорили Ему: *какое же Ты дашь знамение?... Отцы наши ели манну в пустыне* (Ин.6:27–31). Прямо на таких падает слово: *хотя при жизни он ублажает душу свою, и прославляют Тебя, что ты удовлетворяешь себе, но он пойдет к роду отцов своих, которые никогда не увидят света* (Пс.48:19–20).

Посему апостол Иаков учит нас: С великою радостью принимайте, братия мои, когда впадаете в различные искушения, зная, что испытание вашей веры производит терпение; терпение же должно иметь совершенное действие, *и прибавляет:* Блажен человек, который переносит искушение, потому что, быв испытан, он получит венец жизни *(Иак.1:2, 3, 4, 12).*

О МИЛОСТЫНЕ

Должно быть милостиву к убогим и странным; о сем много пеклись великие светильники и отцы Церкви.

В отношении к сей добродетели мы должны всеми мерами стараться исполнять следующую заповедь Божию: *Итак, будьте милосерды, как и Отец ваш милосерд* (Лк.6:36), также: *милости хочу, а не жертвы* (Мф.9:13).

Сим спасительным словам мудрые внимают, а неразумные не внимают; оттого и награда неодинакова, как сказано: *Кто сеет скупо, тот скупо и пожнет; а кто сеет щедро, тот щедро и пожнет* (2Кор.9:6).

Пример Петра Хлебодара (Четьи Минеи, сент. 22), который за кусок хлеба, поданный нищему, получил прощение во всех его грехах, как это было показано ему в видении, – да подвигнет нас к тому, чтобы и мы были милостивы к ближним: ибо и малая милостыня много способствует к получению Царства Небесного.

Творить милостыню мы должны с душевным расположением, по учению св. Исаака Сирина: «Аще даси что требующему, да предварит деяние твое веселие лица твоего, и словесы благими утешай скорбь его» (Слово 89).

Православная библиотека – Orthodox Logos

- *Добротолюбие (Том I • Том II • Том III • Том IV • Том V)*
- *Откровенные рассказы странника духовному своему отцу*
- *Семь слов о жизни во Христе* – праведный Николай (Кавасила)
- *О молитве* – святитель Игнатий (Брянчанинов)
- *Об умной или внутренней молитве* – преподобный Паисий (Величковский)
- *В помощь кающимся* – святитель Игнатий (Брянчанинов)
- *Христианство по учению преподобного Макария Египетского* – преподобный Иустин (Попович), Челийский
- *Философские пропасти* – преподобный Иустин Челийский (Попович)
- *Священное Предание: Источник Православной веры* – митрополит Каллист (Уэр)
- *Толкование на Евангелие от Матфея* – святой Феофилакт Болгарский, архиепископ Охридский
- *Толкование на Евангелие от Марка* – святой Феофилакт Болгарский, архиепископ Охридский
- *Толкование на Евангелие от Луки* – святой Феофилакт Болгарский, архиепископ Охридский
- *Толкование на Евангелие от Иоанна* – святой Феофилакт Болгарский, архиепископ Охридский
- *Таинство любви* – Павел Евдокимов
- *Мысли о добре и зле* – святитель Николай Сербский (Велимирович)
- *Миссионерские письма* – святитель Николай Сербский (Велимирович)
- *Живой колос* – праведный Иоанн Кронштадтский (Сергиев)

- *Дидахе. Учение Господа, переданное народам через 12 апостолов*
- *Домострой* – протопоп Сильвестр
- *Лествица или Скрижали духовные* – преподобный Иоанн Лествичник
- *Слова подвижнические* – преподобный Исаак Сирин Ниневийский
- *Миссионерские письма* – святитель Николай Сербский (Велимирович)
- *Точное изложение православной веры* – преподобный Иоанн Дамаскин
- *Беседы на псалмы* – святитель Василий Великий
- *О цели христианской жизни* – преподобный Серафим Саровский (Мошнин)
- *Смысл жизни* – Семён Людвигович Франк
- *Философия свободы* – Николай Александрович Бердяев
- *Философия свободного духа* – Николай Александрович Бердяев
- *Песня церкви - Праведники наших дней* – Артём Перлик
- *Сказки* – Артём перлик
- *Патристика* – Артём Перлик
- *Ты нужен мне* – Артём Перлик
- *Следом за овцами - Отблески внутреннего царства* – Монахиня Патрикия

www.orthodoxlogos.com

www.ingramcontent.com/pod-product-compliance
Lightning Source LLC
La Vergne TN
LVHW041645060526
838200LV00040B/1725